TGAU
Sbaeneg CBAC
CANLLAW ADOLYGU

Bethan McHugh a
Chris Whittaker

Crown House Publishing
www.crownhouse.co.uk

Addasiad Cymraeg o *WJEC Spanish GCSE Revision Guide* a gyhoeddwyd yn 2018 gan Crown House Publishing Cyf.
Crown Buildings, Bancyfelin, Caerfyrddin, SA33 5ND
www.crownhouse.co.uk
a
Crown House Publishing Company CAC
PO Box 2223, Williston, VT 05495
www.crownhousepublishing.com

Ariennir yn Rhannol gan Lywodraeth Cymru
Part Funded by Welsh Government

Cyhoeddwyd dan nawdd Cynllun Adnoddau Addysgu a Dysgu CBAC
© Bethan McHugh a Chris Whittaker, 2018 (Yr argraffiad Saesneg)

Mae Chris Whittaker a Bethan McHugh wedi datgan eu hawliau i gael eu cydnabod yn awduron y gwaith hwn yn unol â Deddf Hawlfraint, Dyluniadau a Phatentau 1988.

© CBAC (Yr argraffiad Cymraeg hwn)

Cedwir pob hawl. Ac eithrio ar gyfer unrhyw ddefnydd a ganiateir dan y ddeddfwriaeth gyfredol, ni cheir llungopïo, storio mewn system adalw, cyhoeddi, perfformio yn gyhoeddus, addasu, darlledu, trosglwyddo, recordio nac atgynhyrchu unrhyw ran o'r gwaith hwn ar unrhyw ffurf neu drwy unrhyw ddull, heb ganiatâd perchenogion yr hawlfraint ymlaen llaw. Dylid anfon ymholiadau at Crown House Publishing Cyf.

Lluniau'r clawr © Alfonso de Tomás, © dikobrazik, © robodread, © Fotolia.com
Eiconau, tudalennau 4–5, 9, 11, 13, 15, 17, 106–139, © schinsilord – Fotolia. Tudalen 7, © LuckyImages – Fotolia. Tudalennau 18–19, © JB Fontana – Fotolia. Tudalen 21, © Milkos – Fotolia. Tudalen 23, © micromonkey – Fotolia. Tudalen 25, © julien tromeur – Fotolia. Tudalen 27, © lassedesignen – Fotolia. Tudalennau 28–29, © Brian Jackson - Fotolia. Tudalen 31, © BillionPhotos.com – Fotolia. Tudalen 33, © Lsantilli – Fotolia. Tudalen 34, © WaveBreakMediaMicro – Fotolia. Tudalen 37, © Focus Pocus LTD – Fotolia. Tudalennau 38–39, © koss13 – Fotolia. Tudalen 41, © exclusive-design – Fotolia. Tudalen 43, © Tupungato – Fotolia. Tudalen 44, © luckyli – Fotolia. Tudalen 45, © Mik Man – Fotolia. Tudalennau 48–49, © andyastbury – Fotolia. Tudalen 51, © Kara – Fotolia. Tudalen 53, © silver-john – Fotolia. Tudalen 55, © Aleksandar Todorovic – Fotolia. Tudalen 57, © connel_design – Fotolia. Tudalennau 58–59, © Black Spring – Fotolia. Tudalen 63, © Premium Collection – Fotolia. Tudalen 67, © zhu difeng – Fotolia. Tudalennau 68–69, © peshkov – Fotolia. Tudalen 73, © icsnaps – Fotolia. Tudalen 74, © sanchos303 – Fotolia. Tudalen 77, © monkeybusiness – Fotolia. Tudalennau 78–79, © sebra – Fotolia. Tudalen 83, © Vladimir Melnikov – Fotolia. Tudalen 85, © Antonio Gravante – Fotolia. Tudalen 87, © Tom Wang – Fotolia. Tudalennau 88–89, © mikola249 – Fotolia. Tudalen 91, © zhu difeng – Fotolia. Tudalen 93, © pathdoc – Fotolia. Tudalen 95, © djile – Fotolia. Tudalen 97, © goodluz – Fotolia. Tudalen 99, © connel_design – Fotolia. Tudalen 101, © Syda Productions – Fotolia. Tudalen 103, © faithie – Fotolia. Tudalen 105, © javiindy – Fotolia.

Data *Catalogio drwy Gyhoeddi* y Llyfrgell Brydeinig

Mae cofnod catalog ar gyfer y llyfr hwn ar gael gan y Llyfrgell Brydeinig.

ISBN 978-178583472-1

Argraffwyd a rhwymwyd yn y DU gan TJ International, Padstow, Cornwall

CYNNWYS

CYFLWYNO TGAU SBAENEG CBAC 5
Arholiad Siarad 6
    Chwarae rôl 6
    Llun ar gerdyn 7
    Sgwrs 8
Arholiad Gwrando 9
Arholiad Darllen 10
Arholiad Ysgrifennu 12
Y Pethau Sylfaenol 14
    Rhifau 14
    Dyddiadau 15
    Yr amser 16
    Gofyn cwestiynau 17

HUNANIAETH A DIWYLLIANT 19
Diwylliant Ieuenctid 19
    Yr hunan a pherthnasoedd 20
    Technoleg a chyfryngau cymdeithasol 24
Ffordd o Fyw 29
    Iechyd a ffitrwydd 30
    Adloniant a hamdden 34
Arferion a Thraddodiadau 39
    Bwyd a diod 40
    Gwyliau a dathliadau 44

CYMRU A'R BYD – MEYSYDD O DDIDDORDEB . 49
Y Cartref a'r Ardal Leol 49
    Ardaloedd lleol o ddiddordeb 50
    Teithio a thrafnidiaeth 54
Y Byd Ehangach 59
    Nodweddion lleol a rhanbarthol Sbaen a gwledydd Sbaeneg eu hiaith 60
    Gwyliau a thwristiaeth 64

Cynaliadwyedd Byd-eang 69
    Yr amgylchedd 70
    Materion cymdeithasol 74

ASTUDIAETH GYFREDOL, ASTUDIAETH YN Y DYFODOL A CHYFLOGAETH 79
Astudiaeth Gyfredol 79
    Bywyd ysgol/coleg 80
    Astudiaethau ysgol/coleg 84
Menter, Cyflogadwyedd a Chynlluniau ar gyfer y Dyfodol 89
    Cyflogaeth 90
    Sgiliau a rhinweddau personol 94
    Astudiaeth ôl-16 98
    Cynlluniau gyrfa 102

GRAMADEG 107
Termau Gramadeg 108
Enwau 109
Ffurfiau'r Fannod 110
Ansoddeiriau 111
Adferfau 114
Rhagenwau 116
Arddodiaid 120
Ymadroddion Amser 122
Berfau ac Amserau 123
Tablau Berfau 138
Atebion 145

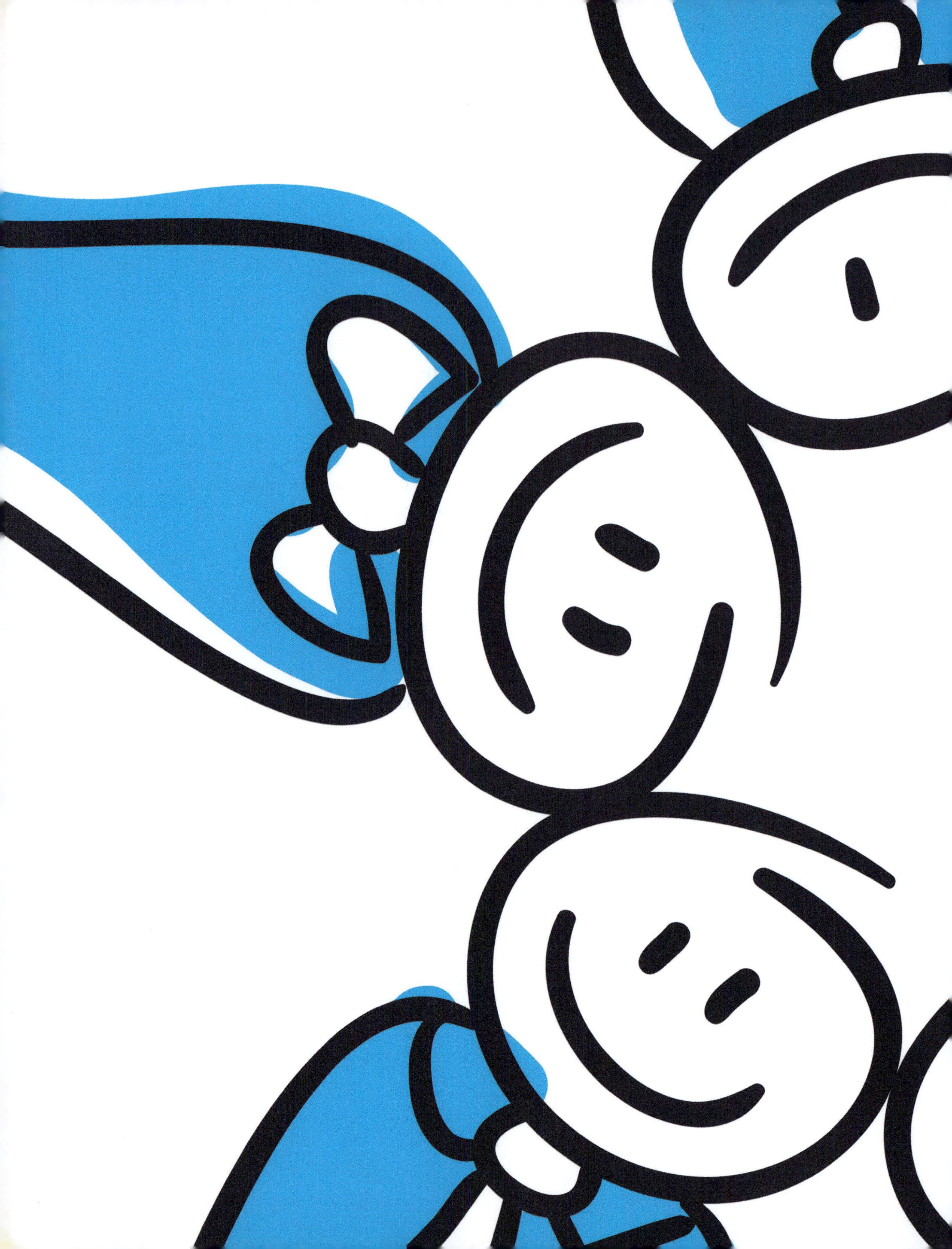

CYFLWYNO TGAU SBAENEG CBAC

Mae eich TGAU Sbaeneg wedi'i rannu yn dair prif thema:

- HUNANIAETH A DIWYLLIANT
- CYMRU A'R BYD – MEYSYDD O DDIDDORDEB
- ASTUDIAETH GYFREDOL, ASTUDIAETH YN Y DYFODOL A CHYFLOGAETH

Bydd eich pedwar arholiad Sbaeneg (SIARAD, GWRANDO, DARLLEN ac YSGRIFENNU) yn rhoi sylw cyfartal i'r tair thema hyn. Mae pob arholiad yn werth 25% o'ch gradd derfynol. Dydych chi ddim yn cael defnyddio geiriadur mewn unrhyw arholiad.

Nawr am y darn dryslyd! Mae gan bob un o'r tair thema hyn is-themâu gwahanol sy'n cael eu rhannu yn adrannau. Mae'r adrannau hyn i gyd yr un mor bwysig – felly peidiwch â threulio eich amser i gyd yn canolbwyntio ar eich hoff rai! Gwnewch yn siŵr eich bod chi'n rhoi'r un faint o amser i adolygu pob un o'r pynciau.

HUNANIAETH A DIWYLLIANT	CYMRU A'R BYD – MEYSYDD O DDIDDORDEB	ASTUDIAETH GYFREDOL, ASTUDIAETH YN Y DYFODOL A CHYFLOGAETH
DIWYLLIANT IEUENCTID - Yr hunan a pherthnasoedd - Technoleg a chyfryngau cymdeithasol **FFORDD O FYW** - Iechyd a ffitrwydd - Adloniant a hamdden **ARFERION A THRADDODIADAU** - Bwyd a diod - Gwyliau a dathliadau	**Y CARTREF A'R ARDAL LEOL** - Ardaloedd lleol o ddiddordeb - Teithio a thrafnidiaeth **Y BYD EHANGACH** - Nodweddion lleol a rhanbarthol Sbaen a gwledydd Sbaeneg eu hiaith - Gwyliau a thwristiaeth **CYNALIADWYEDD BYD-EANG** - Yr amgylchedd - Materion cymdeithasol	**ASTUDIAETH GYFREDOL** - Bywyd ysgol/coleg - Astudiaethau ysgol/coleg **MENTER, CYFLOGADWYEDD A CHYNLLUNIAU AR GYFER Y DYFODOL** - Cyflogaeth - Sgiliau a rhinweddau personol - Astudiaeth ôl-16 - Cynlluniau gyrfa

Mae'r canllaw adolygu hwn yn ymdrin â phob un o'r themâu a'r is-themâu, yn ogystal â rhoi awgrymiadau a chyngor i chi ar sut i baratoi ar gyfer pob arholiad gyda digon o gwestiynau math arholiad ac ymarfer gramadeg i'ch helpu. ¡Buena suerte!

Sylwch: Byddwn ni'n cyfeirio at y Gymraeg drwy gydol y canllaw adolygu hwn fel yr iaith ar gyfer ateb a chyfieithu i/o'r Sbaeneg. Ond os ydych chi'n astudio TGAU Sbaeneg drwy gyfrwng y Saesneg, yna newidiwch 'Cymraeg' i 'Saesneg'.

ARHOLIAD SIARAD

Yr arholiad cyntaf y byddwch chi'n ei wneud yw'r un siarad. Mae hwn fel arfer yn cael ei gynnal dipyn yn gynt na'r tri arholiad arall. Bydd yr arholiad cyfan yn para tua 20 munud, yn cynnwys eich amser paratoi. Dyma beth fydd yn digwydd:

1. Byddwch chi'n mynd i ystafell baratoi gyda goruchwyliwr a byddwch chi'n cael llyfryn. Mae'r llyfryn yn cynnwys eich chwarae rôl, llun ar gerdyn a dewisiadau ar gyfer y sgwrs. Byddwch chi'n cael 12 munud i baratoi ar gyfer yr arholiad a gwneud nodiadau. Fyddwch chi ddim yn gallu ysgrifennu brawddegau llawn na sgript ond dylech chi gael amser i feddwl am yr hyn rydych chi'n mynd i'w ddweud a nodi rhai geiriau allweddol ac ymadroddion defnyddiol.
2. Ar ôl i'ch amser paratoi ddod i ben, byddwch chi'n mynd i mewn i'r ystafell arholiad gyda'ch athro/athrawes. Byddwch chi'n cael mynd â'ch nodiadau gyda chi. Ar ôl i'r athro/athrawes recordio eich enw, eich rhif ymgeisydd, etc., bydd yr arholiad yn dechrau. Byddwch chi'n gwneud y chwarae rôl, yna'r llun ar gerdyn ac yn olaf y sgwrs. Ni fydd y recordiad yn cael ei stopio rhwng pob adran.

CHWARAE RÔL

Bydd eich chwarae rôl yn edrych yn debyg i hyn:

Sefyllfa: Mae eich ffrind o Sbaen wedi dod i ymweld â chi ac rydych chi'n siarad am iechyd. Bydd eich athro/athrawes yn chwarae rhan eich ffrind o Sbaen.

Eich athro/athrawes fydd yn siarad gyntaf.

- Dywedwch pa chwaraeon rydych chi'n eu gwneud/chwarae
- Rhowch farn am fwyd cyflym
- Atebwch y cwestiwn
- Gofynnwch i'ch ffrind beth mae ef/hi yn ei wneud i gadw'n iach
- Dywedwch beth fwytoch chi ddoe

Bydd brawddeg ar y dechrau yn Gymraeg. Dyma'r 'sefyllfa' ac mae'n esbonio thema'r chwarae rôl. Peidiwch â phoeni gormod am hwn. Y peth pwysicaf yw'r thema – iechyd, yn yr enghraifft hon – a'r rhan sy'n dweud wrthoch chi pwy fydd yn siarad gyntaf (eich athro/athrawes fel arfer, ond ddim bob tro).

Mae **pump** o bwyntiau bwled ym mhob chwarae rôl. Gwnewch yn siŵr eich bod chi'n ymateb â brawddeg lawn i bob un.

Pan welwch chi **Atebwch y cwestiwn** bydd yn rhaid i chi ymateb i gwestiwn nad ydych chi wedi paratoi ar ei gyfer. Yn eich amser paratoi, ceisiwch feddwl am y math o beth a allai gael ei ofyn i chi.

Bydd yn rhaid i chi hefyd **ofyn** cwestiwn. Gallai hwn fod yn gwestiwn eithaf syml – e.e. ¿Haces deporte?

Ar yr Haen Sylfaenol, bydd un o'r sbardunau mewn amser gwahanol (y gorffennol fel arfer). Gwrandewch am gliwiau fel ddoe, y llynedd a'r penwythnos diwethaf. Ar yr Haen Uwch, bydd dau sbardun mewn amser gwahanol. Gwrandewch am gliwiau i'ch ysgogi i ddefnyddio'r dyfodol neu'r amodol – e.e. yfory, yr wythnos nesaf, yn y dyfodol.

Yn wahanol i rannau eraill o'r arholiad siarad, fyddwch chi ddim yn cael marciau ychwanegol am ychwanegu manylion pellach, safbwyntiau, etc. Yn y chwarae rôl, dim ond y wybodaeth mae'r pwyntiau bwled yn gofyn amdani mae angen i chi ei rhoi a dim byd arall.

Mae'n bosibl y bydd yn rhaid i chi roi barn neu safbwynt. Does dim gwahaniaeth a ydych chi'n credu hyn neu beidio, cyn belled â'ch bod chi'n dweud rhywbeth.

Ceisiwch ateb mewn brawddeg lawn gan ddefnyddio berf addas – e.e. la comida rápida es malsana nid yn unig malsana.

LLUN AR GERDYN

Byddwch chi'n cael eich llun a **dau** gwestiwn ymlaen llaw, felly nid oes esgus dros beidio â chael atebion llawn, estynedig yn barod. Fydd eich athro/athrawes ddim eisiau i chi ddarllen sgript, ond dylai fod gennych chi syniad da am beth i'w ddweud. Bydd eich cerdyn yn edrych yn debyg i hyn:

- Describe la foto. (Sylfaenol)/¿De qué trata esta foto? (Uwch)
- ¿Prefieres celebrar tu cumpleaños con tus amigos o con tu familia? ¿Por qué? A yw'n well gen ti ddathlu dy ben-blwydd gyda dy ffrindiau neu gyda dy deulu? Pam?

Bydd y cwestiwn cyntaf bob amser yn gofyn i chi ddisgrifio'r llun. Nid yw faint yn union dylech chi ei ddweud wedi'i bennu, ond dylech chi anelu at o leiaf **tri** neu **bedwar** o fanylion i gael y marciau uchaf – e.e. Pwy sydd yn y llun? Beth maen nhw'n ei wneud? Ble maen nhw? Pam maen nhw yno? Beth arall sydd yn y llun? Beth rydych chi'n ei feddwl am y llun?

Bydd yr ail gwestiwn fel arfer yn gofyn am farn. Ceisiwch ymhelaethu cymaint ag y gallwch. Gwnewch yn siŵr eich bod chi'n cyfiawnhau ac yn esbonio eich safbwyntiau ac yn rhoi cymaint o wybodaeth â phosibl.

CWESTIYNAU HEB EU GWELD O'R BLAEN

Yna bydd eich athro/athrawes yn gofyn **dau** gwestiwn heb eu gweld o'r blaen. Yn y cwestiwn cyntaf heb ei weld o'r blaen, bydd angen i chi fel arfer roi sylw ar farn – e.e.:

- Creo que las fiestas de cumpleaños son caras. ¿Estás de acuerdo? Rwy'n meddwl bod partïon pen-blwydd yn ddrud. Wyt ti'n cytuno?

Fel arfer bydd angen ateb y cwestiwn olaf mewn amser gwahanol – e.e.:

- Describe tu último cumpleaños. Disgrifia dy ben-blwydd diwethaf.
- ¿Cómo sería tu cumpleaños ideal? Sut beth fyddai dy ben-blwydd delfrydol?

Yn ystod eich amser paratoi, ceisiwch feddwl am rai o'r pethau a allai gael eu gofyn i chi yn y cwestiynau heb eu gweld o'r blaen. Gwrandewch yn ofalus ar yr hyn mae'r athro/athrawes yn ei ddweud a pheidiwch â dyfalu – os nad ydych chi'n deall, gofynnwch iddo/iddi ailadrodd y cwestiwn. Fyddwch chi ddim yn colli marciau a bydd hyn yn rhoi mwy o amser i chi feddwl! Does dim rhaid i chi gytuno â barn yr athro/athrawes.

Dyma rai ymadroddion a chwestiynau defnyddiol:

Sbaeneg	Cymraeg
Describe …	Disgrifia …
¿Crees que …?	Wyt ti'n meddwl bod …?
¿Cuáles son los aspectos negativos/positivos de …?	Beth yw agweddau negyddol/cadarnhaol …?
¿Cuáles son las ventajas y desventajas de …?	Beth yw manteision ac anfanteision …?
En tu opinión …	Yn dy farn di …
¿Estás de acuerdo?	Wyt ti'n cytuno?
¿Por qué?	Pam?
¿Prefieres …?	Pa un sy'n well gen ti …?
¿Qué tipo de … te interesa/prefieres?	Pa fath o … rwyt ti'n ei hoffi/sy'n well gen ti?
¿Te gusta(n) …?	Wyt ti'n hoffi …?
¿Te gustaría …?	A hoffet ti …?
Justifica/explica tu opinión	Cyfiawnha/esbonia dy farn

SGWRS

Mae'r sgwrs yn para 3–5 munud (Sylfaenol) neu 5–7 munud (Uwch). Mae'n cael ei rhannu'n gyfartal yn ddwy ran:

- Rhan 1 – Byddwch chi'n cael dewis o is-themâu. Byddwch chi'n dechrau'r rhan hon o'r sgwrs drwy ddweud beth rydych chi wedi dewis siarad amdano.
- Rhan 2 – Bydd hon ar thema wahanol ac fe gewch chi ddewis o is-themâu.

Y sgwrs yw eich cyfle chi i ddangos hyd a lled eich gwybodaeth o'r iaith. Does dim rhaid i'r hyn rydych chi'n ei ddweud fod yn ffeithiol gywir cyn belled â bod eich Sbaeneg yn gwneud synnwyr! Mae angen i chi wneud yn siŵr eich bod chi'n gallu rhoi rhai atebion yn yr amser gorffennol, y presennol a'r dyfodol er mwyn cael y marciau uchaf. Ceisiwch roi manylion, barn a safbwyntiau ychwanegol a'u cyfiawnhau lle mae hynny'n bosibl, a chynnwys rhai ymadroddion cymhleth.

Beth os ydw i'n mynd i drafferth?

- Os nad ydych chi'n deall cwestiwn, gofynnwch i'ch athro/athrawes ei ailadrodd.
- Peidiwch â phoeni os nad ydych chi'n cofio gair arbennig, dywedwch rywbeth arall yn ei le.
- Os ydych chi'n gwneud camgymeriad, mae'n iawn i chi eich cywiro eich hun.

ARHOLIAD GWRANDO

Yn yr arholiad gwrando, gallwch chi ddisgwyl clywed gwahanol fathau o iaith lafar a allai gynnwys ymsonau (monologau), sgyrsiau, trafodaethau, cyfweliadau, cyhoeddiadau, hysbysebion a negeseuon.

- Cyn i'r arholiad ddechrau, byddwch chi'n cael 5 munud o amser darllen. Peidiwch â gwastraffu'r amser hwn yn ysgrifennu eich enw a'ch rhif ymgeisydd! Defnyddiwch yr amser i ddarllen y cwestiynau'n ofalus a gwneud yn siŵr eich bod chi'n gwybod beth sydd angen i chi ei wneud, etc. Gwnewch nodyn o unrhyw eiriau allweddol ac ymadroddion a allai fod yn ddefnyddiol.
- Darllenwch y cwestiynau a gwnewch yn siŵr eich bod chi'n rhoi'r wybodaeth mae'r cwestiynau'n gofyn amdani – e.e. beth, pam, pryd, etc. Rhowch sylw i ffurfiau negyddol. Mae'r cwestiwn 'Pa hobi mae hi'n ei hoffi' yn gofyn am ateb gwahanol iawn i 'Pa hobi dydy hi **ddim** yn ei hoffi?'
- Fel arfer bydd y papur yn dechrau â'r cwestiynau hawsaf ac yn mynd yn fwy anodd wedyn.
- Byddwch chi'n clywed pob darn ddwywaith.
- Mae **naw** cwestiwn ond dydyn nhw ddim i gyd yn werth yr un faint o farciau. Mae rhai cwestiynau'n werth 4, 5 a 6 marc felly rhowch ddigon o sylw i'r rhain!
- Gwiriwch faint o farciau sy'n cael eu rhoi ar gyfer y cwestiwn. Os yw'r papur yn gofyn i chi roi tic mewn pedwar blwch, gwnewch yn siŵr nad ydych chi'n ticio mwy na phedwar. Byddwch chi'n colli marciau os gwnewch chi hynny.
- Darllenwch y cwestiwn yn ofalus a gwrandewch ar y recordiad i glywed unrhyw eiriau allweddol sy'n gysylltiedig â'r cwestiwn. Ewch dros y cwestiwn eto i wneud yn siŵr eich bod chi'n gwybod yn union beth sy'n cael ei ofyn. Gwrandewch ar y recordiad am yr ail dro. Penderfynwch ar eich ateb terfynol.
- Bydd **dau** gwestiwn yn Sbaeneg ar eich papur. Fyddwch chi ddim yn gwybod lle byddan nhw nes i chi weld eich papur ac mae'n bosibl na fyddan nhw drws nesaf i'w gilydd. Mae'n debyg y byddan nhw'n gofyn am ateb ar ffurf tic neu lythyren, etc. ond efallai y bydd yn rhaid i chi ysgrifennu rhywbeth yn Sbaeneg. Os ysgrifennwch chi yn Gymraeg, fyddwch chi ddim yn cael y marc, hyd yn oed os yw'n gywir. Rhaid i chi bob amser ateb yn yr un iaith â'r cwestiwn.
- Peidiwch â gadael atebion yn wag. Ceisiwch ddyfalu'n synhwyrol!

ARHOLIAD DARLLEN

Yn yr arholiad darllen gallwch chi ddisgwyl gweld amrywiaeth o destunau o wahanol hyd, wedi'u hysgrifennu mewn arddulliau ffurfiol ac anffurfiol – e.e. erthyglau cylchgrawn, taflenni gwybodaeth, hysbysebion, testunau llenyddol, etc.

- Fel yr arholiad gwrando, bydd y papur darllen fel arfer yn dechrau â'r cwestiynau hawsaf ac yn mynd yn fwy anodd yn raddol – ond y cyfieithiad o'r Sbaeneg fydd y cwestiwn olaf bob amser.
- Bydd **dau** gwestiwn am destunau llenyddol. Peidiwch â phoeni gormod am y rhain a meddyliwch amdanynt yr un peth ag unrhyw gwestiwn darllen arall.
- Byddwch chi'n cael **tri** chwestiwn yn Sbaeneg ac, fel gyda'r arholiad gwrando, gallen nhw fod unrhyw le ar y papur. Fyddwch chi ddim yn gwybod lle byddan nhw nes i chi weld eich papur ac mae'n bosibl na fyddan nhw drws nesaf i'w gilydd. Mae'n debyg y byddan nhw'n gofyn am ateb ar ffurf tic neu lythyren, etc. ond efallai y bydd yn rhaid i chi ysgrifennu rhywbeth yn Sbaeneg. Os ysgrifennwch chi yn Gymraeg, fyddwch chi ddim yn cael y marc, hyd yn oed os yw'n gywir. Rhaid i chi bob amser ateb yn yr un iaith â'r cwestiwn.
- Darllenwch y cwestiwn yn ofalus a chymerwch olwg drwy'r testun am unrhyw eiriau allweddol sy'n gysylltiedig â'r cwestiwn. Ewch dros y cwestiwn eto i wneud yn siŵr eich bod chi'n gwybod yn union beth sy'n cael ei ofyn.
- Ar gyfer yr Haen Sylfaenol, mae'r cwestiynau i gyd yn werth 6 marc ond ar yr Haen Uwch bydd rhai cwestiynau 8 marc mwy anodd ar ddiwedd y papur.
- Peidiwch â gadael unrhyw gwestiynau heb eu hateb – ceisiwch ddiystyru unrhyw ddewisiadau rydych chi'n siŵr eu bod nhw'n anghywir cyn gwneud dyfaliad synhwyrol.
- Yn y cyfieithiad, peidiwch â chyfieithu'r testun air am air – gwnewch yn siŵr bod eich cyfieithiad yn gwneud synnwyr yn yr iaith darged – a gwiriwch eich bod chi'n cyfieithu'r amserau yn gywir.
- Gwiriwch faint o farciau sy'n cael eu rhoi ar gyfer y cwestiwn. Os yw'r papur yn gofyn i chi roi tic mewn pedwar blwch, gwnewch yn siŵr nad ydych chi'n ticio mwy na phedwar. Byddwch chi'n colli marciau am hyn.

Dyma'r mathau o gyfarwyddiadau a allai gael eu defnyddio yn yr arholiadau gwrando a darllen:

Sbaeneg	Cymraeg
Completa la frase/las frases	Gorffen yr ymadrodd/ymadroddion
Contesta a las preguntas en español	Ateb y cwestiwn yn Sbaeneg
Elige …	Dewis …
Elige …. para cada persona	Dewis … i bob person
Elige la respuesta correcta	Dewis yr ateb cywir
Empareja …	Gosoda mewn pâr …
Escribe la letra correcta en la casilla	Ysgrifenna'r llythyren gywir yn y blwch
Escribe la letra correcta en el espacio	Ysgrifenna'r llythyren gywir yn y bwlch
Escucha el anuncio de radio/la entrevista …	Gwranda ar y cyhoeddiad/cyfweliad ar y radio …
Lee la información/este anuncio/los comentarios	Darllen y wybodaeth/yr hysbyseb hwn/y sylwebaeth
Marca (✓) dos casillas para cada pregunta	Ticia (✓) ddau flwch ar gyfer pob cwestiwn
Marca (✓) la casilla correcta para cada pregunta	Ticia (✓) y blwch cywir ar gyfer pob cwestiwn
Marca (✓) seis casillas	Ticia (✓) chwe blwch
Rellena el formulario/la tabla en español	Llenwa'r ffurflen/y tabl yn Sbaeneg
Rellena los espacios en español	Llenwa'r bylchau yn Sbaeneg
Escribe el nombre/el número correcto	Ysgrifenna'r enw/rhif cywir

ARHOLIAD YSGRIFENNU

Yn yr arholiad ysgrifennu, ceisiwch gadw'r pwyntiau canlynol mewn cof:

- Gwiriwch faint o farciau sydd ar gael ar gyfer pob cwestiwn er mwyn gwybod sut i rannu eich amser.
- Edrychwch faint o eiriau maen nhw'n argymell eich bod chi'n eu hysgrifennu.
- Gwnewch gynllun cyn dechrau ysgrifennu.
- Gadewch amser i wirio eich gwaith bob tro.

Gwnewch yn siŵr eich bod:

- Wedi bod yn gyson wrth sillafu.
- Wedi defnyddio'r genedl gywir ar gyfer enwau.
- Wedi defnyddio amserau'r ferf yn briodol.
- Wedi defnyddio'r terfyniadau cywir ar gyfer berfau.
- Wedi cynnwys ystod o strwythurau brawddeg a geirfa.
- Wedi defnyddio ystod o safbwyntiau a rhesymau drostyn nhw.

Sylfaenol: Mae'r arholiad hwn yn cael ei rannu yn bedwar cwestiwn.
- Cwestiwn 1 – Bydd yn rhaid i chi ysgrifennu chwe brawddeg fer yn Sbaeneg am y penawdau sydd wedi'u darparu. Byr a syml yw'r nod!
- Cwestiwn 2 – Bydd yn rhaid i chi ysgrifennu cyfanswm o tua 50 gair am y tri phwynt bwled sydd wedi'u darparu. Ceisiwch ysgrifennu'r un faint ar gyfer pob pwynt bwled a gwnewch yn siŵr eich bod chi'n cynnwys safbwyntiau.
- Cwestiwn 3 – Bydd yn rhaid i chi ysgrifennu cyfanswm o tua 100 gair am y tri phwynt bwled sydd wedi'u darparu. Bydd disgwyl i chi ddefnyddio amserau gwahanol yn y cwestiwn hwn.
- Cwestiwn 4: Cyfieithu – Bydd yn rhaid i chi gyfieithu pum brawddeg i'r Sbaeneg.

Uwch: Mae'r arholiad hwn yn cael ei rannu yn dri chwestiwn.
- Cwestiwn 1 – Bydd yn rhaid i chi ysgrifennu cyfanswm o tua 100 gair am y tri phwynt bwled sydd wedi'u darparu. Bydd disgwyl i chi ddefnyddio amserau gwahanol yn y cwestiwn hwn.
- Cwestiwn 2 – Bydd yn rhaid i chi ysgrifennu tua 150 o eiriau. Mae dewis o ddau deitl (**peidiwch** ag ysgrifennu ateb i'r ddau!). Bydd disgwyl i chi gyfiawnhau eich syniadau a'ch safbwyntiau a defnyddio amrywiaeth o amserau.
- Cwestiwn 3: Cyfieithu – Bydd yn rhaid i chi gyfieithu paragraff i'r Sbaeneg.

Dyma'r mathau o gyfarwyddiadau a allai gael eu defnyddio yn yr arholiad ysgrifennu. Mae'r enghreifftiau hyn i gyd yn defnyddio'r ffurf tú ond efallai y cewch chi gyfarwyddiadau sy'n defnyddio'r ffurf usted os yw'r arholwyr am i chi ysgrifennu darn o Sbaeneg mwy ffurfiol – e.e. llythyr cais am swydd.

Sbaeneg	Cymraeg
Elige …	Dewis …
Escribe aproximadamente 50 palabras en español	Ysgrifenna tua 50 gair yn Sbaeneg
Escribe aproximadamente 100 palabras en español	Ysgrifenna tua 100 gair yn Sbaeneg
Escribe aproximadamente 150 palabras en español	Ysgrifenna tua 150 gair yn Sbaeneg
Escribe un artículo/un blog/una carta	Ysgrifenna erthygl/blog/llythyr
Presenta y justifica tus ideas y opiniones sobre uno de los temas siguientes	Cyflwyna a chyfiawnha dy syniadau a dy farn am un o'r pynciau canlynol
Puedes dar más información, pero tienes que describir	Gallwch chi roi gwybodaeth ychwanegol ond mae'n rhaid i chi ddisgrifio
Puedes dar más información, pero tienes que incluir	Gallwch chi roi gwybodaeth ychwanegol ond mae'n rhaid i chi gynnwys
Rellena el formulario en español	Llenwa'r ffurflen yn Sbaeneg
Tienes que escribir una frase completa en cada espacio	Mae'n rhaid i chi ysgrifennu brawddeg lawn ym mhob bwlch
Escribe una frase completa sobre …	Ysgrifenna frawddeg lawn am …

Y PETHAU SYLFAENOL

RHIFAU

RHIFOLION

Dechreuwch drwy ddysgu'r rhifau 0–30:

0	cero	8	ocho	16	dieciséis	24	veinticuatro
1	uno	9	nueve	17	diecisiete	25	veinticinco
2	dos	10	diez	18	dieciocho	26	veintiséis
3	tres	11	once	19	diecinueve	27	veintisiete
4	cuatro	12	doce	20	veinte	28	veintiocho
5	cinco	13	trece	21	veintiuno	29	veintinueve
6	seis	14	catorce	22	veintidós	30	treinta
7	siete	15	quince	23	veintitrés		

Nesaf, gwnewch yn siŵr eich bod chi'n gallu cyfrif fesul deg hyd at 100:

- 10   diez
- 20   veinte
- 30   treinta
- 40   cuarenta
- 50   cincuenta
- 60   sesenta
- 70   setenta
- 80   ochenta
- 90   noventa
- 100 cien

Yna, gwnewch yn siŵr eich bod chi'n gallu llenwi'r bylchau rhwng 31 a 100. Mae'r un patrwm yn parhau yr holl ffordd hyd at 100:

- 31   treinta y uno
- 32   treinta y dos
- 33   treinta y tres
- 34   treinta y cuatro
- 35   treinta y cinco
- 36   treinta y seis
- 37   treinta y siete
- 38   treinta y ocho
- 39   treinta y nueve
- 40   cuarenta
- 41   cuarenta y uno
- 42   cuarenta y dos
- 43   cuarenta y tres etc.

Cien yw 100 ond ar gyfer y rhifau 101–199 rydych chi'n defnyddio ciento:

- 101 ciento uno
- 102 ciento dos
- 103 ciento tres etc.

I gyrraedd 1000, mae'r holl reolau rydych chi wedi'u dysgu hyd yma yn dal i fod yn berthnasol. Y cyfan mae angen i chi ei wneud nawr yw dysgu sut i gyfrif fesul cannoedd yr holl ffordd hyd at 1000:

100	cien
200	doscientos
300	trescientos
400	cuatrocientos
500	quinientos
600	seiscientos
700	setecientos
800	ochocientos
900	novecientos
1000	mil

Y tu hwnt i 1000, mae'r holl reolau'n dal i fod yn berthnasol:

2000	dos mil
3000	tres mil
4000	cuatro mil etc.

TREFNOLION (CYNTAF, AIL, TRYDYDD, ETC.)

primero	cyntaf
segundo	ail
tercero	trydydd, trydedd
cuarto	pedwerydd, pedwaredd
quinto	pumed
sexto	chweched
séptimo	seithfed
octavo	wythfed
noveno	nawfed
décimo	degfed

Fel arfer, mae trefnolion yn mynd o flaen yr enw ac yn gweithio fel ansoddeiriau. Mewn geiriau eraill, mae angen iddyn nhw gytuno â'r enw maen nhw'n ei ddisgrifio – e.e. la **segunda** hora (yr **ail** awr).

DYDDIADAU

DYDDIAU'R WYTHNOS

Does dim angen priflythyren ar ddyddiau'r wythnos yn Sbaeneg.

lunes	dydd Llun
martes	dydd Mawrth
miércoles	dydd Mercher
jueves	dydd Iau
viernes	dydd Gwener
sábado	dydd Sadwrn
domingo	dydd Sul

Y MISOEDD

Fel yn achos dyddiau'r wythnos, does dim angen priflythyren ar y misoedd.

enero	Ionawr
febrero	Chwefror
marzo	Mawrth
abril	Ebrill
mayo	Mai
junio	Mehefin
julio	Gorffennaf
agosto	Awst
septiembre	Medi
octubre	Hydref
noviembre	Tachwedd
diciembre	Rhagfyr

I fynegi 'mewn mis penodol' defnyddiwch yr arddodiad **en** – e.e. **voy a Francia en agosto** (Rwy'n mynd i Ffrainc ym mis Awst).

Y TYMHORAU

la primavera	gwanwyn
el verano	haf
el otoño	hydref
el invierno	gaeaf

DYDDIADAU

- Defnyddiwch rifau arferol ar gyfer dyddiadau – e.e. **el seis de junio** (y chweched o Fehefin), **el treinta y uno de agosto** (yr unfed ar ddeg ar hugain o Awst).
- Defnyddiwch **el primero** am ddiwrnod cyntaf y mis – e.e. **el primero de enero** (y cyntaf o Ionawr).

YR AMSER

Mae'r ferf **ser** yn cael ei defnyddio i ddweud faint o'r gloch yw hi. Defnyddiwch **es** wrth gyfeirio at un o'r gloch a defnyddiwch **son** wrth gyfeirio at bob awr arall:

Es la una.	Mae'n un o'r gloch.
Son las dos.	Mae'n ddau o'r gloch.
Son las tres.	Mae'n dri o'r gloch.
Son las cuatro.	Mae'n bedwar o'r gloch.

Gallwch chi ychwanegu munudau at yr awr drwy ddefnyddio'r gair **y** (a):

Es la una **y** cinco.	Mae'n bum munud wedi un.
Son las tres **y** doce.	Mae'n ddeuddeg munud wedi tri.
Son las once **y** veinte.	Mae'n ugain munud wedi un ar ddeg.

Gallwch chi dynnu'r munudau oddi wrth yr awr (e.e. deng munud i, pum munud i) drwy ddefnyddio'r gair menos (llai):

Es la una **menos** diez.	Mae'n ddeng munud i un.
Son las tres **menos** veinticinco.	Mae'n bum munud ar hugain i dri.

Rydych chi'n defnyddio y media (hanner awr wedi), y cuarto (chwarter wedi) a menos cuarto (chwarter i):

Es la una **y media**.	Mae'n hanner awr wedi un.
Son las diez **y cuarto**.	Mae'n chwarter wedi deg.
Son las tres **menos cuarto**.	Mae'n chwarter i dri.

I ddweud bod rhywbeth yn digwydd ar amser penodol, defnyddiwch a la(s) + **amser** – e.e. las clases empiezan **a las nueve** (mae gwersi'n dechrau am naw o'r gloch).

GOFYN CWESTIYNAU

Mae gofyn cwestiynau yn Sbaeneg yn hawdd. Gallwch chi droi gosodiadau yn gwestiynau drwy ychwanegu gofynnod. Mae hyn yn gweithio mewn unrhyw amser o'r ferf – e.e.:

¿Vamos a salir?	Ydyn ni'n mynd i fynd allan?
¿Fuiste al teatro?	Est ti i'r theatr?
¿Irás a la playa?	Fyddi di'n mynd i'r traeth?

Neu gallwch chi ddefnyddio gair cwestiwn – cofiwch fod angen acenion arnyn nhw.

¿Cómo?	Sut?
¿Qué?	Beth?
¿Quién? ¿Quiénes?	Pwy?
¿Dónde?	Ble?
¿Cuál? ¿Cuáles?	Pa?
¿Cuándo?	Pryd?
¿Por qué?	Pam?
¿Adónde?	(I) ble?
¿Cuánto?	Faint?

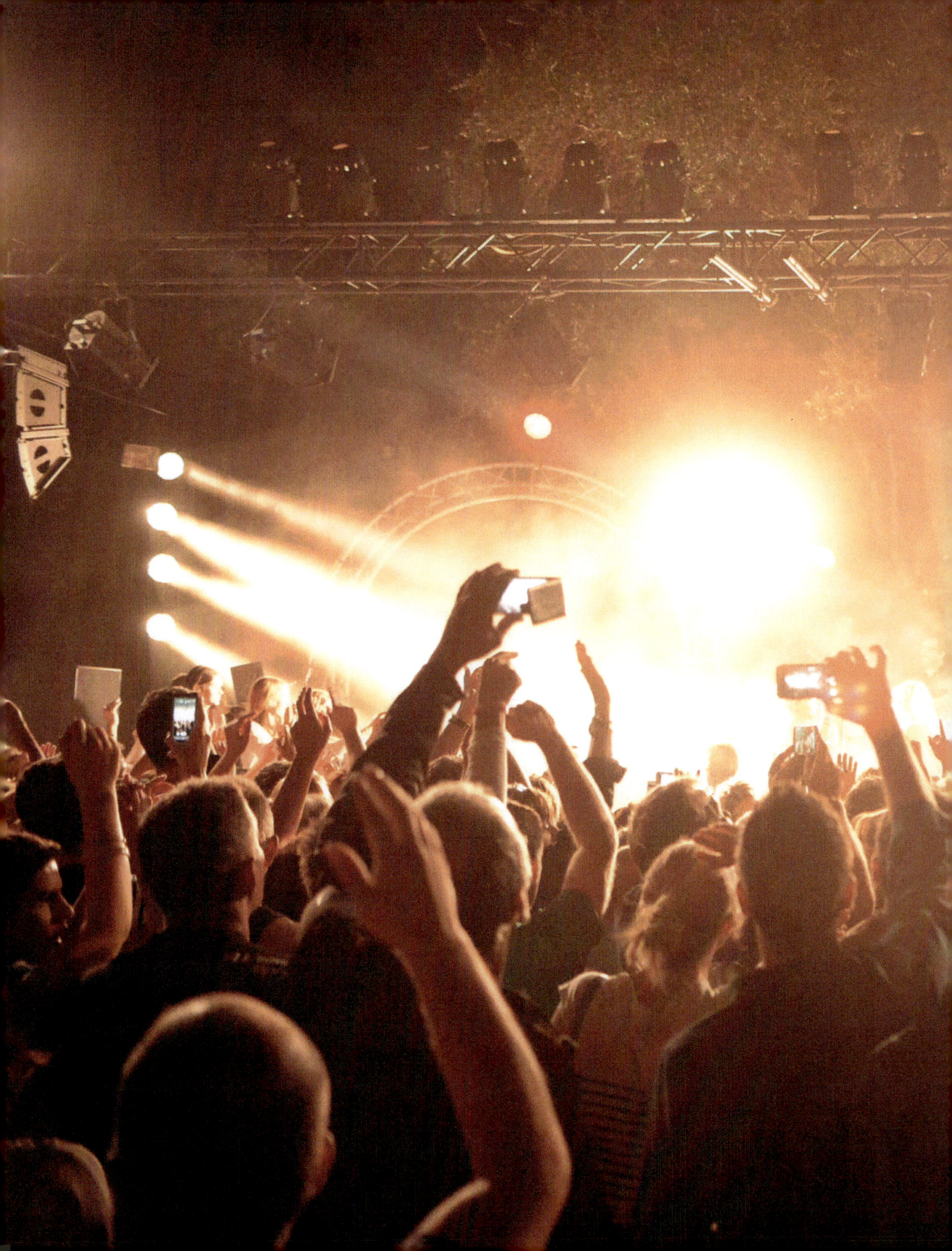

HUNANIAETH A DIWYLLIANT

DIWYLLIANT IEUENCTID

Mae is-thema **Diwylliant Ieuenctid** yn cael ei rhannu yn ddwy ran. Dyma rai awgrymiadau am bynciau i'w hadolygu:

YR HUNAN A PHERTHNASOEDD
- perthnasoedd teuluol
- cyfeillgarwch
- ymddangosiad corfforol a hunanddelwedd
- ffasiwn a thueddiadau
- diwylliant pobl enwog
- problemau pobl ifanc a'r pwysau arnyn nhw
- priodas

TECHNOLEG A CHYFRYNGAU CYMDEITHASOL
- mathau gwahanol o dechnoleg – e.e. tabledi, ffonau symudol, watshys clyfar
- manteision ac anfanteision technoleg
- manteision ac anfanteision y cyfryngau cymdeithasol – e.e. seiberfwlio
- effaith y cyfryngau cymdeithasol
- gemau cyfrifiadur
- dyfodol technoleg
- sut rydych chi'n defnyddio technoleg

AWGRYMIADAU CYFIEITHU

Y GYMRAEG I'R SBAENEG
- Peidiwch â chyfieithu brawddegau air am air!
- Gwiriwch eich bod chi'n cyfieithu amser y ferf yn gywir.

Y SBAENEG I'R GYMRAEG
- Peidiwch â chyfieithu'r testun air am air – does dim rhaid i chi gael yr un nifer o eiriau yn eich cyfieithiad ag sydd yn y testun gwreiddiol.
- Peidiwch â methu geiriau sy'n fach ond sy'n bwysig – e.e. iawn, yn aml, byth/erioed.
- Gwnewch yn siŵr eich bod chi'n cyfieithu ystyr cywir yr amser – e.e. Rwy'n chwarae, Roeddwn i'n chwarae, Byddaf i'n chwarae, Byddwn i'n chwarae. Weithiau gall geiriau ac ymadroddion allweddol – e.e. ddoe, yn y dyfodol, yn ddiweddarach, fel arfer – eich helpu i adnabod amser y ferf.

YR HUNAN A PHERTHNASOEDD

Describe a tu familia.
Disgrifia dy deulu.

> Tengo una hermana que se llama Sophie. Me llevo bien con ella porque nos gusta la misma música. Es graciosa y nunca me molesta. También tengo un hermano mayor pero vive con su novia. Creo que mis padres son demasiado estrictos y preferiría tener más libertad.
> Mae gen i chwaer o'r enw Sophie. Rwy'n cyd-dynnu'n dda â hi gan ein bod ni'n hoffi'r un gerddoriaeth. Mae hi'n hwyl a dydy hi byth yn fy ngwylltio i. Mae gen i frawd hŷn hefyd ond mae e'n byw gyda'i gariad. Rwy'n meddwl bod fy rhieni yn rhy lym a byddai'n well gen i gael mwy o ryddid.

¿Qué hiciste con tus amigos el fin de semana pasado?
Beth wnest ti gyda dy ffrindiau y penwythnos diwethaf?

> El viernes pasado fui al cine con mis compañeros de clase. Después de ver la película fuimos a un restaurante italiano y comimos pizza. Lo pasé muy bien.
> Dydd Gwener diwethaf, es i i'r sinema gyda fy ffrindiau ysgol. Ar ôl gwylio'r ffilm, aethon ni i fwyty Eidalaidd ac fe fwyton ni pizza. Ces i amser da iawn.

¿Te importa la moda?
Ydy ffasiwn yn bwysig i ti?

> Claro que sí. Me inspiran los modelos y las celebridades y me encanta comprar ropa. En el futuro me gustaría trabajar en la industria de moda.
> Ydy, wrth gwrs. Rwy'n cael fy ysbrydoli gan fodelau a phobl enwog ac rwy'n caru prynu dillad. Yn nes ymlaen, hoffwn i weithio yn y diwydiant ffasiwn.

¿Admiras a alguna celebridad? ¿Por qué?
Oes person enwog rwyt ti'n ei edmygu? Pam?

> Admiro a Ed Sheeran porque canta bien y tiene mucho talento. El año pasado asistí a su concierto. Fue increíble.
> Rwy'n edmygu Ed Sheeran am ei fod yn canu'n dda a'i fod yn dalentog iawn. Y llynedd es i i'w gyngerdd. Roedd yn anhygoel.

DIWYLLIANT IEUENCTID | **21**

¿Cómo sería tu novio/novia ideal?
Sut un fyddai dy gariad delfrydol?

Tendría un buen trabajo y sería rico/a y generoso/a. En mi opinión, lo más importante es que tenga buen sentido del humor. Byddai ganddo/ganddi swydd dda a byddai'n gyfoethog ac yn hael. Yn fy marn i, y peth pwysicaf yw bod ganddo/ganddi synnwyr digrifwch da.

Ceisiwch ddefnyddio amrywiaeth o eirfa a strwythurau.

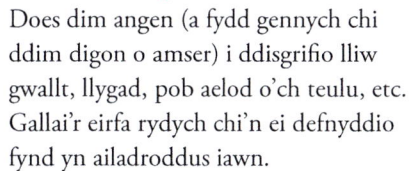

Does dim angen (a fydd gennych chi ddim digon o amser) i ddisgrifio lliw gwallt, llygad, pob aelod o'ch teulu, etc. Gallai'r eirfa rydych chi'n ei defnyddio fynd yn ailadroddus iawn.

Mae'n hawdd i'r pwnc hwn fynd yn rhy ddisgrifiadol a dibynnu'n bennaf ar yr amser presennol. Ceisiwch gynnwys rhai safbwyntiau – beth rydych chi'n ei feddwl am wahanol aelodau o'r teulu? Sut rydych chi'n cyd-dynnu â nhw? Pam?

Dywedwch beth wnaethoch chi/beth rydych chi'n mynd i'w wneud gyda'ch teulu er mwyn dangos eich bod chi'n gyfarwydd ag amserau gwahanol y ferf.

GRAMADEG

Cofiwch fod ser ac estar yn golygu 'bod', ond mewn ffyrdd gwahanol.

- Rydych chi'n defnyddio **ser** gyda: disgrifiad corfforol, personoliaeth a chymeriad, cenedligrwydd, hil, rhywedd, proffesiynau, yr hyn mae pethau wedi eu gwneud ohono, dyddiadau, dyddiau, tymhorau, amser a meddiant – e.e. **soy** alto/a (Rwy'n dal).
- Rydych chi'n defnyddio **estar** gyda: teimladau, hwyliau, emosiynau, cyflyrau neu olwg corfforol, statws priodasol a lleoliad pethau a phobl – e.e. **estoy** cansado/a (Rydw i wedi blino).
- Bydd yn rhaid i chi ddefnyddio **ser** ac **estar** llawer yn yr is-thema hon – gwnewch yn siŵr eich bod chi'n defnyddio'r un cywir!

TASG ARHOLIAD

Cyfieithwch y brawddegau canlynol i'r Gymraeg:

1. Mi tía es trabajadora, deportista y muy inteligente.
2. Cuando era más joven, tenía muchos amigos.
3. Desgraciadamente, mi mejor amigo no se lleva muy bien con sus padres.
4. ¿Cuáles son las cualidades personales más importantes de un buen amigo?

Ydych chi wedi cyfieithu'r wybodaeth i gyd? Ydy'r frawddeg rydych chi wedi'i hysgrifennu yn gwneud synnwyr yn Gymraeg?

YR HUNAN A PHERTHNASOEDD

YMADRODDION DEFNYDDIOL

Admito que no me interesa la moda.	Mae'n rhaid i mi gyfaddef nad oes gen i ddiddordeb mewn ffasiwn.
Prefiero llevar ropa de diseño.	Mae'n well gen i wisgo dillad dylunwyr.
La vida de las celebridades me fascina.	Rwy'n cael fy swyno gan fywyd pobl enwog.
Me gusta seguir la moda, pero adaptándola a mi propio estilo.	Rwy'n hoffi dilyn ffasiwn, ond gan ei addasu i'm steil fy hun.
Me parece que la moda es demasiado cara.	O'm rhan i, mae ffasiwn yn rhy ddrud.
En mi opinión, tener una familia es muy importante.	Yn fy marn i, mae cael teulu yn bwysig iawn.
Mi novio/novia ideal sería/haría/tendría ...	Byddai fy nghariad delfrydol yn .../yn gwneud ... Byddai ganddo/ganddi ...
Discutimos a menudo.	Rydyn ni'n dadlau'n aml.
Mi relación con mi hermanastro es tensa.	Mae fy mherthynas â'm llysfrawd yn anodd.
Nos entendemos perfectamente.	Rydyn ni'n deall ein gilydd i'r dim.
No somos muy unidos.	Dydyn ni ddim yn agos iawn.
Me dejan hacer todo lo que quiero.	Maen nhw'n gadael i mi wneud popeth rydw i eisiau.
Me llevo fatal con mis hermanos.	Dydw i ddim yn cyd-dynnu'n dda â'm brodyr a'm chwiorydd.
Mi madre me da consejos.	Mae fy mam yn rhoi cyngor i mi.
Tenemos los mismos gustos/intereses.	Mae gennym ni'r un hoff bethau/diddordebau.
Podemos hablar de todo.	Rydyn ni'n gallu siarad am unrhyw beth.
Mis padres siempre se meten en mis asuntos.	Mae fy rhieni bob amser yn busnesa yn fy mywyd i.
No me dejan salir.	Dydyn nhw ddim yn gadael i mi fynd allan.
Raramente me critican.	Yn anaml y byddan nhw'n fy meirniadu i.
Tengo suerte porque puedo confiar en mis amigos.	Rwy'n lwcus oherwydd gallaf ymddiried yn fy ffrindiau.
Me cuesta resistirme a la presión de grupo.	Rwy'n ei chael hi'n anodd gwrthsefyll pwysau gan gyfoedion.
No quiero ser diferente.	Dydw i ddim eisiau bod yn wahanol.
Me parezco a mi hermana.	Rwy'n debyg i fy chwaer.

DIWYLLIANT IEUENCTID | **23**

Los jóvenes de hoy tienen muchos problemas.   Mae gan bobl ifanc heddiw lawer o broblemau.

La sociedad está obsesionada con las celebridades.   Mae gan gymdeithas obsesiwn â phobl enwog.

Defnyddiwch ac addaswch ymadroddion fel y rhain yn eich arholiadau siarad ac ysgrifennu er mwyn cael marciau uwch.

TASG ARHOLIAD

Describe la foto. (Sylfaenol)/¿De qué trata esta foto? (Uwch)
En esta foto hay un grupo de estudiantes. Están en el colegio y no llevan uniforme. Creo que están hablando sobre la chica que está sola. Pienso que sufre acoso escolar. Además está triste porque no tiene amigos.

Yn y llun hwn, mae grŵp o fyfyrwyr. Maen nhw yn yr ysgol a dydyn nhw ddim yn gwisgo gwisg ysgol. Rwy'n meddwl eu bod nhw'n clebran am y ferch sydd ar ei phen ei hun. Rwy'n meddwl ei bod hi'n cael ei bwlio yn yr ysgol. Yn ogystal, mae hi'n drist achos does ganddi hi ddim ffrindiau.

Nawr, a allwch chi ateb y cwestiynau hyn eich hun?

- ¿Cómo son tus amigos? Sut rai yw dy ffrindiau?
- Los amigos son más importantes que la familia. ¿Estás de acuerdo? Mae ffrindiau yn bwysicach na'r teulu. Wyt ti'n cytuno?
- ¿Qué vas a hacer con tu familia el fin de semana que viene? Beth rwyt ti'n mynd i'w wneud gyda dy deulu y penwythnos nesaf?

TECHNOLEG A CHYFRYNGAU CYMDEITHASOL

¿Cuál es tu sitio web preferido y por qué?
Beth yw dy hoff wefan a pham?

> Prefiero Google porque lo utilizo para mis deberes y mi trabajo escolar. Es muy útil y se puede buscar cualquier cosa.
> Mae'n well gen i Google oherwydd rwy'n ei ddefnyddio ar gyfer fy ngwaith cartref a'm gwaith ysgol. Mae'n ddefnyddiol iawn ac rydych chi'n gallu chwilio am unrhyw beth.

¿Te gustan las redes sociales? ¿Por qué (no)?
Wyt ti'n hoffi'r cyfryngau cymdeithasol? Pam (ddim)?

> Me encanta utilizar las redes sociales para compartir mis ideas y chatear con mis amigos. También me gusta saber todo lo que pasa en el colegio.
> Rwy'n caru defnyddio'r cyfryngau cymdeithasol i rannu fy syniadau ac i siarad â'm ffrindiau. Rydw i hefyd yn hoffi gwybod am bopeth sy'n digwydd yn yr ysgol.

¿Cuáles son los aspectos negativos de la tecnología?
Beth yw agweddau negyddol technoleg?

> La tecnología puede ser peligrosa porque en Internet no todo el mundo es quien dice ser. Hay que utilizar el sentido común y tener cuidado.
> Gall technoleg fod yn beryglus oherwydd ar y rhyngrwyd nid yw pawb pwy maen nhw'n dweud ydyn nhw. Mae'n rhaid i chi ddefnyddio synnwyr cyffredin a chymryd gofal.

¿Qué tipos de tecnología utilizaste ayer?
Pa fathau o dechnoleg ddefnyddiaist ti ddoe?

> Leí un blog y mandé unos mensajes a mis amigos. Después de hacer mis deberes en el ordenador, descargué una película.
> Darllenais i flog ac anfonais i rai negeseuon at fy ffrindiau. Ar ôl gwneud fy ngwaith cartref ar y cyfrifiadur, llwythais i ffilm i lawr.

¿Podrías vivir sin móvil?
Allet ti fyw heb ffôn symudol?

> Para la mayoría de los jóvenes, un móvil es esencial. Personalmente, no podría vivir sin mi móvil porque lo utilizo todo el tiempo para todo. ¡Creo que soy adicto/a!
> I'r rhan fwyaf o bobl ifanc, mae ffôn symudol yn hanfodol. Yn bersonol, allwn i ddim byw heb fy ffôn symudol oherwydd rwy'n ei ddefnyddio drwy'r amser ar gyfer popeth. Rwy'n meddwl fy mod i'n gaeth iddo!

Gyda lwc, bydd gennych chi ddigon i'w ddweud am y pwnc hwn!
Efallai eich bod chi'n caru technoleg cymaint fel na allwch chi feddwl am unrhyw anfanteision neu broblemau, ond mae'n bwysig eich bod chi'n gallu cynnig amrywiaeth o safbwyntiau. Dysgwch sawl ffordd o fynegi eich barn – e.e. pienso/creo que (rwy'n meddwl/credu bod), me parece que (mae'n ymddangos i mi bod), en mi opinión (yn fy marn i), para mí (i mi), a mi modo de ver (hyd y gwelaf i), (no) estoy de acuerdo (rwy'n (dydw i ddim yn) cytuno) – a cheisiwch ddefnyddio ystod o ansoddeiriau. Gall arholwyr flino clywed bod popeth yn interesante neu aburrido.

Atebwch y cwestiynau yn Gymraeg.
Según algunos estudios, muchos jóvenes españoles (más de un 47 %) admiten ser adictos a las redes sociales hoy en día. La mayoría[1] de los jóvenes entre las edades de 15 y 19 años pasan hasta tres horas al día navegando las redes sociales y un 18 % de esos usuarios[2] no puede pasar más de una hora sin consultar sus cuentas[3]. Además, un 24 % comprueba[4] sus cuentas sociales antes de levantarse de la cama por las mañanas.

1 mwyafrif
2 defnyddwyr
3 cyfrifon
4 gwirio

1. Beth mae llawer o bobl ifanc yn cyfaddef bod?
2. Faint o amser mae mwyafrif y rhai 15–19 oed yn ei dreulio ar y cyfryngau cymdeithasol?
3. Pa ganran o bobl ifanc sy'n gwirio eu cyfrifon bob awr?
4. Beth mae 24% o bobl ifanc yn ei wneud?
   (a) Gwirio eu cyfrifon cyn mynd i'r gwely.
   (b) Gwirio eu cyfrifon cyn codi.
   (c) Gwirio eu cyfrifon bob nos.

Cadwch olwg am gliwiau ffug (geiriau mae'r arholwyr yn eu rhoi i geisio eich twyllo chi) naill ai yn y cwestiynau neu yn y testun! Byddwch yn ofalus gan fod mwy nag un ganran yn cael ei chrybwyll yn y testun hwn.

TECHNOLEG A CHYFRYNGAU CYMDEITHASOL

YMADRODDION DEFNYDDIOL

Mis padres piensan que las redes sociales son una pérdida de tiempo.	Mae fy rhieni yn meddwl bod cyfryngau cymdeithasol yn wastraff amser.
Tengo un portátil, pero está un poco anticuado.	Mae gen i liniadur ond mae braidd yn hen ffasiwn.
Creo que la tecnología simplifica la vida diaria.	Rwy'n meddwl bod technoleg yn symleiddio bywyd pob dydd.
Prefiero mi tablet porque es más fácil de utilizar.	Mae'n well gen i fy nhabled gan ei fod yn haws ei ddefnyddio.
Utilizo mi móvil para sacar fotos y descargar música.	Rwy'n defnyddio fy ffôn symudol i dynnu lluniau ac i lwytho cerddoriaeth i lawr.
No me gusta mi teléfono móvil porque es muy complicado.	Dydw i ddim yn hoffi fy ffôn symudol oherwydd mae'n gymhleth iawn.
Me gusta hacer compras por Internet.	Rwy'n hoffi siopa ar lein.
Ayer, navegué por Internet y usé mi ordenador para hacer mis deberes.	Ddoe, syrffiais i'r rhyngrwyd ac fe ddefnyddiais i fy nghyfrifiadur i wneud fy ngwaith cartref.
Lo uso para todo.	Rwy'n ei ddefnyddio ar gyfer popeth.
Hay muchas ventajas y desventajas de la tecnología.	Mae gan dechnoleg lawer o fanteision ac anfanteision.
Prefiero hablar con mis amigos cara a cara.	Mae'n well gen i siarad gyda fy ffrindiau wyneb yn wyneb.
Me comunico siempre por las redes sociales.	Rydw i bob amser yn defnyddio cyfryngau cymdeithasol i gyfathrebu.
Envío más mensajes que correos electrónicos.	Rwy'n anfon mwy o negeseuon nag o e-byst.
Mi teléfono móvil tiene una cámara digital increíble.	Mae gan fy ffôn symudol gamera digidol anhygoel.
Tengo muchas canciones guardadas en mi portátil.	Mae gen i lawer o ganeuon wedi'u harbed ar fy ngliniadur.
El ciberacoso me preocupa mucho.	Mae seiberfwlio yn fy mhoeni'n fawr.
Nunca sabes con quien hablas por Internet.	Dydych chi byth yn gwybod â phwy rydych chi'n siarad ar y rhyngrwyd.
Mi abuela sabe mandar correos electrónicos.	Mae fy mam-gu/nain yn gwybod sut i anfon e-byst.

La verdad es que soy adicto/a.	Y gwir yw fy mod i'n gaeth.
Según mis padres, debería pasar menos tiempo en Internet.	Yn ôl fy rhieni, dylwn i dreulio llai o amser ar y rhyngrwyd.
Es importante hablar sobre los riesgos en línea.	Mae'n bwysig siarad am y risgiau ar lein.

GRAMADEG

Ffurfiau negyddol

Mae brawddegau negyddol yn hawdd eu ffurfio yn Sbaeneg – ceisiwch gynnwys rhai yn eich gwaith.

I wneud brawddeg yn negyddol, fel arfer rydych chi'n rhoi **no** o flaen y ferf – e.e. **no** tengo móvil (Nid oes gen i ffôn symudol).

Gair negyddol cyffredin arall yw **nunca** sy'n golygu 'byth'. Gall fynd ar ddechrau'r frawddeg yn lle no – e.e. **nunca** voy a comprar un ordenador (Dydw i byth yn mynd i brynu cyfrifiadur). Neu gallwch chi roi no ar ddechrau'r frawddeg a nunca ar ei diwedd – e.e. **no** voy a comprar un ordenador **nunca**.

Dyma rai enghreifftiau eraill o'r geiriau negyddol mwyaf cyffredin sy'n gweithio yn yr un ffordd â no a nunca:

nada – dim, dim byd
nadie – neb
ni ... ni – na(c)... na(c) ... (e.e. no tengo **ni** móvil **ni** portátil)

TASG ARHOLIAD

Ysgrifennwch frawddeg lawn yn Sbaeneg ar gyfer pob un o'r penawdau:

- eich ffôn symudol
- gemau cyfrifiadur
- cyfryngau cymdeithasol
- technoleg – eich barn
- cerddoriaeth
- y rhyngrwyd – anfantais

Does dim angen ysgrifennu brawddeg gymhleth iawn. Gallwch chi gael marciau llawn am frawddeg syml hyd yn oed os oes rhai mân wallau ynddi. Nid un ateb cywir yn unig sydd – e.e. ar gyfer y pwynt bwled cyntaf gallech chi ddweud:

Mi móvil es pequeño. Mae fy ffôn symudol yn fach.

Neu gallech chi hyd yn oed ddefnyddio brawddeg negyddol:

No tengo móvil. Does gen i ddim ffôn symudol.

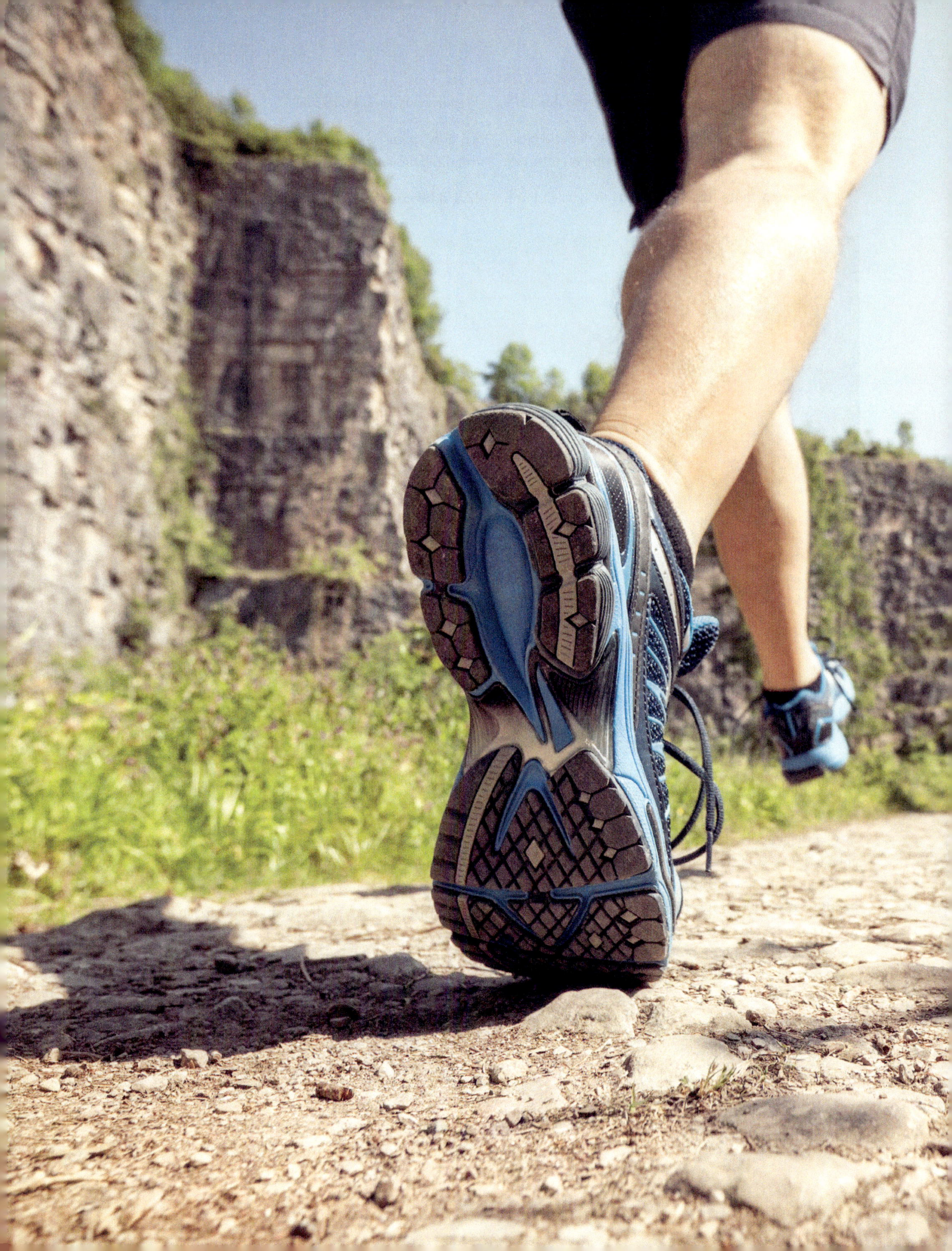

HUNANIAETH A DIWYLLIANT

FFORDD O FYW

Mae is-thema **Ffordd o Fyw** yn cael ei rhannu yn ddwy ran. Dyma rai awgrymiadau am bynciau i'w hadolygu:

IECHYD A FFITRWYDD
- bwyta'n iach
- problemau iechyd – e.e. straen, clefydau
- ffordd aniach o fyw *(unhealthy lifestyle)* – e.e. cyffuriau, alcohol, ysmygu
- chwaraeon ac ymarfer
- manteision ffordd iach o fyw

ADLONIANT A HAMDDEN
- cerddoriaeth
- sinema
- teledu
- siopa
- bwyta allan
- gweithgareddau cymdeithasol a hobïau
- cydbwysedd gwaith–bywyd

COFIWCH:

Mae'n bwysig adolygu cwestiynau yn gyson – cofiwch y bydd yn rhaid i chi ateb cwestiynau dydych chi ddim wedi gallu eu rhagweld yn eich arholiad siarad, a bydd yn rhaid i chi ofyn cwestiwn yn yr amser presennol yn y chwarae rôl. Mae'n rhaid i chi hefyd siarad am ddigwyddiadau yn y gorffennol, y presennol a'r dyfodol yn y drafodaeth am y llun ar gerdyn a'r sgwrs. Mae'n bwysig iawn eich bod chi'n adnabod cwestiynau mewn amserau gwahanol – e.e. ¿Qué haces normalmente? (Beth rwyt ti'n ei wneud fel arfer?), ¿Qué hiciste la semana pasada? (Beth wnest ti yr wythnos diwethaf?), ¿Qué harás la semana que viene? (Beth byddi di'n ei wneud yr wythnos nesaf?). Gwrandewch am ymadroddion amser – e.e. mañana (yfory), ayer (ddoe), etc. – a fydd yn eich helpu i ateb yn yr amser cywir.

IECHYD A FFITRWYDD

¿Qué haces para mantenerte en forma?
Beth rwyt ti'n ei wneud i gadw'n heini?

Hago muchas cosas para mantenerme en forma. Intento hacer deporte tres o cuatro veces a la semana y también como sano. Después de mis exámenes entrenaré todos los días.
Rwy'n gwneud llawer o bethau i gadw'n heini. Rwy'n ceisio gwneud chwaraeon dair neu bedair gwaith yr wythnos ac rwy'n bwyta'n iach hefyd. Ar ôl fy arholiadau, byddaf i'n hyfforddi bob dydd.

¿Prefieres jugar o ser espectador/a? ¿Por qué?
Pa un sy'n well gen ti, chwarae neu wylio chwaraeon? Pam?

Soy una persona muy deportista y soy miembro de varios equipos porque me encanta mantenerme activo/a. Sin embargo, me gusta mucho ver partidos de fútbol en el estadio porque el ambiente es fantástico.
Rwy'n hoff iawn o chwaraeon ac rwy'n aelod o sawl tîm oherwydd rwy'n caru bod yn weithgar. Fodd bynnag, rydw i wir yn mwynhau gwylio gemau pêl-droed yn y stadiwm oherwydd bod yr awyrgylch yn wych.

¿Cuáles son los problemas de salud que te preocupan?
Beth yw'r problemau iechyd sy'n dy boeni di?

Me preocupan el tabaco y el alcohol. No se debe fumar porque puede causar enfermedades graves como el cáncer de pulmón. Beber alcohol es malo para la salud también. Muchos jóvenes se emborrachan regularmente, pero hay que beber con moderación.
Rwy'n poeni am dybaco ac alcohol. Ddylech chi ddim ysmygu oherwydd gall achosi afiechydon difrifol fel canser yr ysgyfaint. Mae yfed alcohol yn ddrwg i'ch iechyd hefyd. Mae llawer o bobl ifanc yn meddwi'n rheolaidd, ond dylech chi yfed yn gymedrol.

¿Qué harás en el futuro para comer más sano?
Beth byddi di'n ei wneud yn y dyfodol i fwyta'n fwy iach?

Intentaré comer más fruta y me gustaría evitar la comida grasienta. Tengo la intención de tomar un buen desayuno todos los días y desgraciadamente tendré que comer menos chocolate.
Rwy'n mynd i geisio bwyta mwy o ffrwythau a hoffwn i osgoi bwyd llawn braster. Rwy'n bwriadu bwyta brecwast da bob dydd ac yn anffodus bydd yn rhaid i mi fwyta llai o siocled.

FFORDD O FYW | **31**

¿Hiciste algún deporte el fin de semana pasado?
A wnest ti unrhyw chwaraeon y penwythnos diwethaf?

El sábado por la mañana, hice footing con mi hermano y luego fuimos al polideportivo para hacer natación. ¡Estaba muy cansado/a!
Bore Sadwrn, es i i loncian gyda fy mrawd yna aethon ni i'r ganolfan chwaraeon i nofio. Roeddwn i'n flinedig iawn!

GRAMADEG

Gustar ac encantar
Cofiwch nad yw gustar nac encantar yn gweithio yn yr un ffordd â berfau eraill.

- Defnyddiwch gusta/encanta i ddisgrifio pethau unigol neu weithgaredd (drwy ddefnyddio berf) – e.e. me **gusta** el deporte (rwy'n hoffi chwaraeon), me **encanta** comer sano (rwy'n caru bwyta'n iach).
- Defnyddiwch gustan/encantan am ddau neu fwy o bethau – e.e. me **gustan** las verduras (rwy'n hoffi llysiau), me **encantan** el tenis y el baloncesto (rwy'n caru tennis a phêl-fasged).
- Mae angen i chi ddefnyddio me, te, le, nos, os neu les o flaen y ferf (yr enw am y rhain yw rhagenwau gwrthrychol anuniongyrchol) – e.e. **le** gusta la fruta (mae e'n hoffi ffrwythau), **nos** encantan los deportes acuáticos (rydyn ni'n caru chwaraeon dŵr).
- Defnyddiwch mucho i ddweud eich bod chi'n hoffi rhywbeth yn fawr – e.e. me gusta **mucho** el chocolate (rwy'n hoffi siocled yn fawr).

Atebwch y cwestiynau yn Gymraeg.

TASG ARHOLIAD

Pásate por nuestro **gimnasio**: nuestros **entrenadores** personales están para ayudarte a alcanzar tu meta en el menor tiempo posible. Diseñamos un plan de **acondicionamiento físico** personalizado y adaptado a tus necesidades, monitoreamos tu **alimentación** y te proponemos un **plan nutricional**.

¡Aprovéchate ahora de nuestra oferta y consigue el **entrenamiento personal** a un precio fantástico! Sesión de 30 minutos por solo 17 € (o entrena con otra persona por 30 € los dos) y sesión de 60 minutos por 22 €. Oferta especial para el mes de febrero, bono de cinco sesiones solamente 65 €. Visita nuestro sitio web o síguenos en las redes sociales para más detalles.

1. Am beth mae'r testun yn sôn?
2. Beth byddan nhw'n ei wneud? Rhowch **ddau** fanylyn.
3. Beth sy'n costio 30 Ewro?
4. Rhowch **ddau** fanylyn am y cynnig arbennig.
5. Ble gallwch chi gael rhagor o wybodaeth? Rhowch **un** manylyn.

Mae Cwestiwn 1 yn fath newydd o gwestiwn y gallwch chi ddisgwyl ei weld yn eich arholiadau gwrando a darllen. Ceisiwch adnabod rhai geiriau allweddol (rydyn ni wedi rhoi rhai mewn print trwm yn yr erthygl hon i'ch helpu – yn anffodus fydd hynny ddim yn digwydd yn yr arholiad go iawn!). Gwnewch yn siŵr eich bod chi'n darllen y testun cyfan cyn ateb y cwestiwn. Peidiwch â chael eich twyllo gan eiriau sydd ddim yn gysylltiedig â thema gyffredinol y testun – e.e. las redes sociales.

IECHYD A FFITRWYDD

YMADRODDION DEFNYDDIOL

Debería beber más agua.	Dylwn i yfed mwy o ddŵr.
He decidido que nunca voy a fumar.	Rydw i wedi penderfynu nad ydw i byth yn mynd i ysmygu.
Voy a comer más fruta y verduras.	Rwy'n mynd i fwyta mwy o ffrwythau a llysiau.
Me gustaría comer menos caramelos.	Hoffwn i fwyta llai o losin/o dda-da.
Quisiera estar en forma.	Hoffwn i fod yn heini.
Si tuviera más dinero, compraría productos orgánicos.	Pe bai gen i fwy o arian, byddwn i'n prynu cynnyrch organig.
Necesito acostarme más temprano.	Mae angen i mi fynd i'r gwely'n gynt.
Cuando era más joven, comía demasiada comida rápida.	Pan oeddwn i'n iau, roeddwn i'n bwyta gormod o fwyd cyflym.
Se deberían comer cinco raciones de fruta y verduras al día.	Dylech chi fwyta pum dogn *(portions)* o ffrwythau a llysiau bob dydd.
Siempre tomo un buen desayuno.	Rydw i bob amser yn bwyta brecwast da.
Normalmente como bien, pero a veces como mal.	Fel arfer rwy'n bwyta'n dda, ond weithiau rwy'n bwyta'n wael.
Es importante tener una dieta equilibrada.	Mae'n bwysig cael deiet cytbwys.
Como regularmente y nunca me salto ninguna comida.	Rwy'n bwyta'n rheolaidd a byth yn colli prydau o fwyd.
Los restaurantes de comida rápida se han hecho muy populares.	Mae bwytai bwyd cyflym wedi dod yn boblogaidd iawn.
Todos sabemos que el ejercicio es importante porque ayuda a perder peso y reduce el riesgo de enfermedades.	Rydyn ni i gyd yn gwybod bod ymarfer yn bwysig achos mae'n help i golli pwysau a lleihau'r perygl o afiechyd.
Tengo muchas alergias e intolerancias alimentarias y tengo que evitar algunos tipos de comida.	Mae gen i sawl alergedd ac anoddefedd bwyd ac mae'n rhaid i mi osgoi rhai mathau o fwyd.
Iba al gimnasio todos los días, pero ahora prefiero hacer natación.	Roeddwn i'n arfer mynd i'r gampfa bob dydd ond nawr mae'n well gen i nofio.
Muchos jóvenes admiten haber probado las drogas.	Mae llawer o bobl ifanc yn cyfaddef eu bod wedi trio cyffuriau.

FFORDD O FYW | **33**

La mejor estrategia para que los niños coman de forma saludable es tener solo alimentos sanos en casa.	Y ffordd orau o sicrhau bod plant yn bwyta'n iach yw dim ond cael bwydydd iach yn y tŷ.
Para mantenerse sano, se debe tener una dieta equilibrada.	I gadw'n iach, mae'n rhaid i chi gael deiet cytbwys.
Es fácil engancharse.	Mae'n hawdd mynd yn gaeth.
La obesidad es un problema muy extendido.	Mae gordewdra yn broblem eang iawn.
Es esencial dormir bien.	Mae'n hanfodol cysgu'n dda.
El estrés puede causar muchos problemas de salud.	Gall straen achosi llawer o broblemau iechyd.
Me preocupa mucho este problema.	Rwy'n poeni'n fawr am y broblem hon.
Se debe concienciar a los adolescentes de los peligros.	Mae'n rhaid gwneud pobl ifanc yn ymwybodol o'r peryglon.

Dylech chi geisio defnyddio cysyllteiriau mewn brawddegau estynedig. Dyma rai enghreifftiau defnyddiol i chi geisio eu cynnwys wrth siarad ac ysgrifennu:

antes (de) – cyn
después (de) – ar ôl
pero – ond
porque – oherwydd
ya que – ers
sin embargo – fodd bynnag
incluso – hyd yn oed
entonces – yna
mientras – tra/yn y cyfamser
aunque – er
aún (si) – hyd yn oed (os)
también – hefyd
además – yn ogystal/ar ben hynny

TASG ARHOLIAD

Yn y chwarae rôl bydd yn rhaid i chi ofyn cwestiwn, defnyddio'r amser presennol ac o leiaf un amser arall ac ymateb i gwestiwn annisgwyl! Dyma rai enghreifftiau o'r sbardunau y gallech chi eu gweld:

- Dywedwch beth rydych chi'n ei wneud i gadw'n iach
- Gofynnwch gwestiwn i'ch ffrind am chwaraeon
- Rhowch eich barn am fwyta'n iach
- Dywedwch pa chwaraeon wnaethoch chi ddoe
- Gofynnwch i'ch ffrind pa fwyd mae ef/hi yn hoffi ei fwyta
- Dywedwch beth byddwch chi'n ei wneud yr wythnos nesaf i gadw'n iach

Mae llawer o gwestiynau gwahanol y gallech chi eu gofyn am chwaraeon.

Gallech chi gadw pethau'n gyffredinol – e.e. **¿Te gusta el deporte?** (Wyt ti'n hoffi chwaraeon?) **¿Te gusta el fútbol?** (Wyt ti'n hoffi pêl-droed?)

Neu gallech chi fod yn fwy penodol – e.e. **¿Cuándo juegas al tenis?** (Pryd rwyt ti'n chwarae tennis?) **¿Con quién juegas al baloncesto?** (Gyda phwy rwyt ti'n chwarae pêl-fasged?)

Gwrandewch am eiriau 'sbardun' a allai olygu bod angen i'ch ateb fod mewn amser gwahanol – e.e. ddoe, yr wythnos nesaf.

ADLONIANT A HAMDDEN

¿Qué haces en tu tiempo libre?
Beth rwyt ti'n ei wneud yn dy amser rhydd?

> Ahora mismo no tengo mucho tiempo libre a causa de mis exámenes, pero me encanta nadar. Voy a la piscina al menos tres veces a la semana. Como todo el mundo, veo la tele en casa y me gustan los videojuegos también.
> Ar hyn o bryd does gen i ddim llawer o amser rhydd oherwydd fy arholiadau, ond rwy'n caru nofio. Rwy'n mynd i'r pwll nofio o leiaf tair gwaith yr wythnos. Fel pawb, rwy'n gwylio'r teledu gartref ac rwy'n hoffi gemau fideo hefyd.

¿Crees que tener aficiones es importante para los jóvenes?
Wyt ti'n meddwl bod hobïau yn bwysig i bobl ifanc?

> Claro que sí. Hoy en día los jóvenes tienen muchos exámenes, entonces las aficiones son muy importantes porque ayudan a evitar el estrés.
> Ydw, wrth gwrs. Y dyddiau hyn mae gan bobl ifanc lawer o arholiadau, felly mae hobïau yn bwysig iawn oherwydd maen nhw'n helpu i osgoi straen.

¿Qué actividad te gustaría probar en el futuro?
Pa weithgaredd hoffet ti roi cynnig arno yn y dyfodol?

> Me gustaría hacer esquí porque nunca lo he hecho y mi hermano me dijo que es increíble.
> Hoffwn i fynd i sgio achos dydw i erioed wedi'i wneud a dywedodd fy mrawd wrtha i ei fod yn anhygoel.

¿Qué hiciste el fin de semana pasado?
Beth wnest ti y penwythnos diwethaf?

> No hice mucho porque tuve muchos deberes, pero fui a la casa de mi mejor amigo/a. Por la noche salimos juntos/as. Fue bastante divertido y lo pasé bien.
>
> Wnes i ddim llawer oherwydd bod gen i lawer o waith cartref, ond es i i dŷ fy ffrind gorau. Gyda'r nos aethon ni allan gyda'n gilydd. Roedd yn dipyn o hwyl ac fe ges i amser da.

¿Prefieres ir al cine o descargar una película? ¿Por qué?
A yw'n well gen ti fynd i'r sinema neu lwytho ffilm i lawr? Pam?

> Es muy caro ir al cine entonces prefiero descargar una película en casa. Además, mi salón es muchísimo más cómodo que el cine y puedo beber y comer lo que quiero.
>
> Mae mynd i'r sinema yn ddrud iawn felly mae'n well gen i lwytho ffilm i lawr gartref. Yn ogystal, mae fy ystafell fyw yn llawer mwy cyfforddus na'r sinema a gallaf fwyta ac yfed beth bynnag rydw i eisiau.

Ceisiwch ddatblygu eich atebion cymaint â phosibl drwy ychwanegu manylion lle gallwch chi – e.e. Voy al cine:

- Ychwanegwch gyda phwy – Voy al cine **con mis amigos**.
- Ychwanegwch ymadrodd amser – Voy al cine con mis amigos **el viernes por la noche**.
- Ychwanegwch farn – Voy al cine con mis amigos el viernes por la noche. **Es divertido**.
- Ychwanegwch gyfiawnhad – Voy al cine con mis amigos el viernes por la noche. Es divertido **porque el cine es muy grande**.
- Ychwanegwch amser gwahanol – Voy al cine con mis amigos el viernes por la noche. Es divertido porque el cine es muy grande. **La semana pasada vimos una película de acción**.

Darllenwch y testun, yna atebwch y cwestiynau isod.

Lara: Yo estoy en contra de los videojuegos. A veces hay escenas de violencia y hay contenido no apto para los niños.

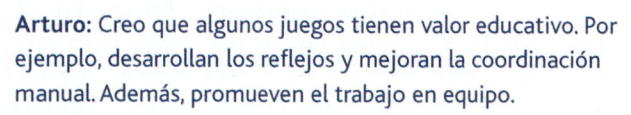

Arturo: Creo que algunos juegos tienen valor educativo. Por ejemplo, desarrollan los reflejos y mejoran la coordinación manual. Además, promueven el trabajo en equipo.

Raquel: Los niños pueden volverse adictos, prefiero salir con mis amigos que quedarme a jugar en casa.

Pwy yn eich barn chi fyddai'n dweud y pethau canlynol? Lara, Arturo neu Raquel?

1. Gallwch chi fynd yn gaeth.
2. Dydyn nhw ddim yn addas i blant.
3. Mae rhai gemau yn addysgiadol.
4. Maen nhw'n hybu gwaith tîm.
5. Rydw i yn erbyn gemau fideo.
6. Byddai'n well gen i fynd allan.

Byddwch yn ofalus wrth ateb Cwestiwn 2 gan fod Lara a Raquel yn sôn am blant!

ADLONIANT A HAMDDEN

YMADRODDION DEFNYDDIOL

Durante mi tiempo libre suelo ir de compras con mis amigos.	Yn ystod fy amser rhydd rydw i fel arfer yn mynd i siopa gyda fy ffrindiau.
Mis pasatiempos favoritos son la lectura y la fotografía.	Fy hoff hobïau yw darllen a ffotograffiaeth.
Si tuviera más tiempo, aprendería a tocar un instrumento.	Pe bai gen i fwy o amser, byddwn i'n dysgu chwarae offeryn.
Toco la guitarra desde hace ocho años.	Rydw i wedi bod yn chwarae'r gitâr ers wyth mlynedd.
Gasto demasiado dinero cuando salgo con mis amigos.	Rwy'n gwario gormod o arian pan fyddaf i'n mynd allan gyda fy ffrindiau.
Cuando era pequeño solía jugar al baloncesto, pero ahora no me interesa.	Pan oeddwn i'n iau, roeddwn i'n arfer chwarae pêl-fasged ond nawr does gen i ddim diddordeb o gwbl.
Me gusta leer cuando tengo un rato libre.	Rwy'n hoffi darllen pan fydd gen i funud sbâr.
Tengo que admitir que el tiempo libre es muy importante para mí.	Mae'n rhaid i mi gyfaddef bod amser rhydd yn bwysig iawn i mi.
Me encantaba dibujar para relajarme, pero ahora prefiero ver la tele.	Roeddwn i'n arfer caru tynnu llun i ymlacio, ond nawr mae'n well gen i wylio'r teledu.
En mi opinión, las actividades nos liberan de nuestra rutina diaria.	Yn fy marn i, mae gweithgareddau yn ein rhyddhau ni o'n trefn bob dydd.
Creo que las aficiones nos permiten adquirir habilidades y conocimientos.	Rwy'n meddwl bod hobïau yn ein galluogi i gael sgiliau a gwybodaeth.
Los hobbies o los pasatiempos son fundamentales para una buena salud física y mental.	Mae hobïau neu ddiddordebau yn hanfodol ar gyfer iechyd corfforol a meddyliol da.
Me encanta escuchar todo tipo de música y podría pasar horas escuchando mis canciones favoritas.	Rwy'n caru gwrando ar bob math o gerddoriaeth a gallwn i dreulio oriau'n gwrando ar fy hoff ganeuon.
Es necesario encontrar el equilibrio entre los estudios y la vida personal.	Mae'n angenrheidiol dod o hyd i'r cydbwysedd rhwng eich astudiaethau a'ch bywyd personol.
Tengo que decir que comprar cosas me da sensación de bienestar.	Mae'n rhaid i mi ddweud bod prynu pethau yn rhoi teimlad da i mi.
Es muy importante encontrar al menos dos horas semanales para realizar actividades físicas.	Mae'n bwysig iawn dod o hyd i o leiaf dwy awr yr wythnos ar gyfer gweithgareddau corfforol.
Me gustaría hacerme socio de un club.	Hoffwn i ymuno â chlwb.

FFORDD O FYW | **37**

Durante las vacaciones escolares tengo la intención de hacer más actividades al aire libre.

Yn ystod y gwyliau ysgol, rwy'n bwriadu gwneud mwy o weithgareddau y tu allan.

Mis padres piensan que los deberes son más importantes que el tiempo libre.

Mae fy rhieni yn credu bod gwaith cartref yn fwy pwysig nag amser rhydd.

GRAMADEG

Desde hace

Gallwch chi ddefnyddio desde hace gyda'r amser presennol i ddweud ers pryd rydych chi wedi bod yn gwneud rhywbeth – e.e. **juego al tenis desde hace** cinco meses (Rydw i wedi bod yn chwarae tennis ers pum mis).

GRAMADEG

Mynegi barn yn yr amser gorffennol

Mae'n bwysig iawn rhoi barn am bethau yn y gorffennol yn ogystal â'r amser presennol. Y ffordd hawsaf o wneud hyn yw defnyddio **era** (roedd – amser amherffaith) wedi ei ddilyn gan ansoddair – e.e. **era** fantástico (roedd yn wych).

Gallwch chi hefyd ddefnyddio **fue** (roedd – amser gorffennol) yn lle **era** i roi barn am amser neu ddigwyddiad penodol yn y gorffennol – e.e. **la noche fue divertida** (roedd y noson yn hwyl). Cofiwch wneud i'r ansoddair gytuno â'r enw os yw'n disgrifio rhywbeth benywaidd!

Cyfieithwch y brawddegau hyn i'r Sbaeneg:

TASG ARHOLIAD

1. Yr wythnos diwethaf, es i i siopa a gwariais i lawer o arian.
2. Y penwythnos nesaf, rwy'n mynd i'r sinema gyda fy nheulu.
3. Beth rwyt ti'n hoffi ei wneud yn dy amser rhydd?
4. Dydw i ddim yn gallu mynd allan yfory oherwydd bod gen i ormod o waith cartref.

Cofiwch:
- Peidiwch â chyfieithu air am air.
- Peidiwch â gadael unrhyw fylchau.
- Cadwch olwg am amserau gwahanol.
- Byddwch yn ofalus gyda ffurfiau negyddol.

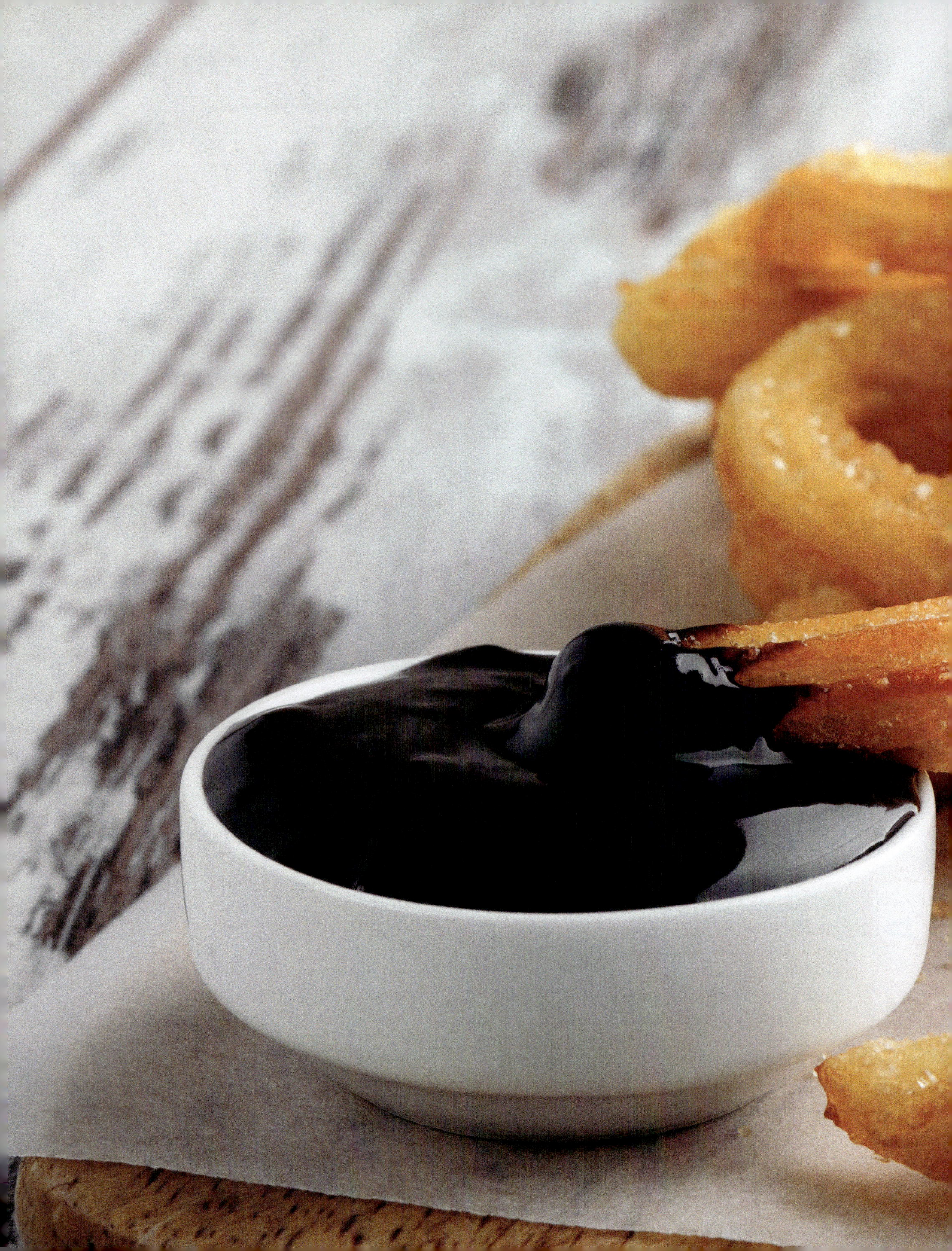

HUNANIAETH A DIWYLLIANT

ARFERION A THRADDODIADAU

Mae is-thema **Arferion a Thraddodiadau** yn cael ei rhannu yn ddwy ran. Dyma rai awgrymiadau am bynciau i'w hadolygu:

BWYD A DIOD
- bwyd a diod parti
- bwyd arbennig yr ardal
- arferion bwyta
- traddodiadau diwylliannol
- bwyd a diod ar gyfer achlysuron arbennig
- bwyta allan

GWYLIAU A DATHLIADAU
- dyddiau gŵyl blynyddol a gwyliau
- penblwyddi
- digwyddiadau cenedlaethol
- digwyddiadau rhanbarthol
- gwyliau cerdd
- dathlu achlysuron teuluol

COFIWCH:
- Rhaid i chi ddefnyddio amrywiaeth o amserau yn eich Sbaeneg ysgrifenedig a llafar.
- Defnyddiwch eich tablau berfau i'ch helpu wrth gynllunio eich gwaith.
- Cofiwch ddefnyddio terfyniad cywir y ferf – mae hwn yn dweud wrth yr arholwr am bwy mae'r frawddeg yn sôn. Mae angen i chi ddefnyddio'r ffurf yo i siarad amdanoch chi eich hun, ond mae angen i chi allu defnyddio ffurfiau berfol eraill hefyd er mwyn i chi allu siarad am bobl eraill.
- Ceisiwch gynnwys mwy o fanylion drwy ychwanegu ymadroddion amser os oes modd – e.e. hoy (heddiw), todos los días (bob dydd), esta semana (yr wythnos hon), normalmente (fel arfer), ayer por la noche (neithiwr), el fin de semana pasado (y penwythnos diwethaf), hace dos meses (ddau fis yn ôl), mañana por la mañana (bore yfory), el año que viene (y flwyddyn nesaf), etc.

BWYD A DIOD

¿Te gusta cocinar? ¿Por qué (no)?
Wyt ti'n hoffi coginio? Pam (ddim)?

> Cuando era más pequeño/a me gustaba hornear pasteles con mi madre. ¡Ahora solamente preparo bocadillos! Me encantan los programas de cocina, pero nunca tengo tiempo para cocinar.
> Pan oeddwn i'n iau, roeddwn i'n hoffi pobi cacennau gyda fy mam. Nawr, rydw i ond yn gwneud brechdanau! Rwy'n caru rhaglenni coginio ond dydw i byth yn cael amser i goginio.

Describe tu última visita a un restaurante.
Disgrifia dy ymweliad diwethaf â bwyty.

> Fui a un restaurante italiano con mis padres el fin de semana pasado. Comí lasaña y de postre elegí un helado enorme. La cena fue deliciosa así que me gustaría volver al restaurante para mi cumpleaños.
> Es i i fwyty Eidalaidd gyda fy rhieni y penwythnos diwethaf. Bwytais i lasagne ac i bwdin dewisais i hufen iâ enfawr. Roedd y swper yn flasus iawn, felly hoffwn i fynd yn ôl i'r bwyty ar fy mhen-blwydd.

¿Crees que es importante probar la comida regional durante las vacaciones? ¿Por qué (no)?
Wyt ti'n credu ei bod hi'n bwysig trio bwydydd yr ardal ar wyliau? Pam (ddim)?

> En mi opinión, los turistas deberían respetar la cultura de la zona. Creo que es esencial probar la comida local. Además, los restaurantes turísticos pueden ser muy caros.
> Yn fy marn i, dylai twristiaid barchu diwylliant yr ardal. Rwy'n meddwl ei bod hi'n hanfodol trio bwydydd lleol. Yn ogystal, gall bwytai twristiaid fod yn ddrud iawn.

¿Cuál sería tu comida ideal?
Beth fyddai dy bryd o fwyd delfrydol?

> Mi comida ideal sería en un restaurante en la playa en el Caribe. Probaría las especialidades locales y bebería cocteles tropicales.
> Byddai fy mhryd o fwyd delfrydol mewn bwyty ar y traeth yn y Caribî. Byddwn i'n trio bwyd arbennig yr ardal a byddwn i'n yfed coctels trofannol.

ARFERION A THRADDODIADAU | 41

¿Qué piensas de los platos preparados?
Beth yw dy farn di am brydau parod?

Como los platos preparados de vez en cuando, por ejemplo, las pizzas congeladas, porque no me gusta cocinar. Pienso que los platos preparados son rápidos y prácticos, pero prefiero la comida casera.
Rwy'n bwyta prydau parod o dro i dro, er enghraifft pizzas wedi'u rhewi, oherwydd dydw i ddim yn hoffi coginio. Rwy'n meddwl bod prydau parod yn gyflym ac yn ymarferol, ond mae'n well gen i brydau wedi'u coginio gartref.

Darllenwch y testun llenyddol hwn ac atebwch y cwestiynau yn Gymraeg.

Daniel se acercó a curiosear unos libros que había a la entrada del restaurante. Era toda una estantería repleta de libros de cocina. Los títulos eran muy extraños: *Secretos de la cocina del mercado, Mil y una maneras de freír un pescado.*

No eran más que aburridos libros de cocina, un mundo que a Daniel no le interesaba. Ni la cocina ni la comida que salía de ella. Sin embargo, hubo un volumen que llamó su atención porque tenía unos bonitos dibujos. Se sentó en el sillón, junto a la ventana. Y, por primera vez en su vida, comenzó a leer un libro de recetas.

Efallai y bydd yn rhaid i chi ysgrifennu neu siarad am y math o fwyd a diod rydych chi fel arfer yn eu cael mewn dathliad – e.e. parti pen-blwydd. Dangoswch i'r arholwr eich bod chi wir eisiau llwyddo drwy ddefnyddio amserau gwahanol a defnyddiwch rai cryfhawyr i wella eich gwaith.

1. Ble roedd y silff lyfrau?
2. Pa fath o lyfrau oedden nhw?
3. Beth oedd barn Daniel am y llyfrau hyn yn gyffredinol?
4. Pam gwnaeth un llyfr penodol dynnu ei sylw?
5. Beth oedd yn anarferol am y ffaith ei fod wedi dechrau ei ddarllen?

GRAMADEG

Meintiolwyr a chryfhawyr
Ceisiwch ychwanegu manylion at eich Sbaeneg ysgrifenedig a llafar drwy gynnwys meintiolwyr a chryfhawyr – e.e.:

bastante – digon
demasiado – gormod/rhy
un poco – ychydig
mucho – llawer
muy – iawn

Bydd dau ddarn o destunau llenyddol yn eich arholiad darllen. Meddyliwch amdanyn nhw yn union fel unrhyw dasg darllen a deall arall. Peidiwch â phoeni os nad ydych chi'n deall pob un gair.

BWYD A DIOD

YMADRODDION DEFNYDDIOL

Cocinar es un talento que desgraciadamente no tengo.	Mae coginio yn dalent sydd ddim gen i, yn anffodus.
Mi especialidad en la cocina es quemar las cosas.	Fy arbenigedd i yn y gegin yw llosgi pethau.
No tengo tiempo para cocinar y suelo comprar platos preparados.	Does gen i ddim amser i goginio ac rydw i fel arfer yn prynu prydau parod.
No me gustan los platos precocinados porque me resulta difícil identificar sus ingredientes.	Dydw i ddim yn hoffi prydau parod oherwydd rwy'n ei chael hi'n anodd adnabod eu cynhwysion.
Muchas personas piensan que abrir un envase y calentarlo en el microondas cuenta como cocinar.	Mae llawer o bobl yn meddwl bod agor paced a'i gynhesu yn y meicrodon yn cyfrif fel coginio.
En los últimos años el hábito de comer en familia se ha visto disminuido.	Yn ystod y blynyddoedd diwethaf mae bwyta fel teulu wedi mynd yn llai cyffredin.
Los platos preparados suelen contener porcentajes muy altos de grasa y sal.	Mae prydau parod fel arfer yn cynnwys canrannau uchel o fraster a halen.
La única cosa que hago bien son las tostadas de pan.	Yr unig beth rwy'n dda yn ei wneud yw tost.
Me gusta degustar la comida tradicional de los lugares que visito.	Rwy'n hoffi blasu bwyd traddodiadol o'r lleoedd rwy'n ymweld â nhw.
Comer fuera de casa puede ser muy práctico y ahorra tiempo a veces.	Gall bwyta allan fod yn ymarferol iawn ac weithiau mae'n arbed amser.
Las porciones que se sirven en los restaurantes son mayores de lo que requiere una persona típica.	Mae'r dognau maen nhw'n eu rhoi mewn bwytai yn fwy na'r hyn sydd ei angen ar berson cyffredin.
Las comidas familiares dan a los niños la oportunidad de tener conversaciones con los adultos.	Mae prydau teuluol yn rhoi cyfle i blant sgwrsio gydag oedolion.
Reunirse a comer en familia es un hábito que lleva a una mejor alimentación.	Mae dod at eich gilydd i fwyta fel teulu yn arwain at well arferion bwyta.
Las personas que no desayunan adecuadamente tienden a picar más entre horas.	Mae pobl sydd ddim yn bwyta brecwast da yn tueddu i fwyta mwy o fyrbrydau rhwng prydau.
Es bueno planificar las cenas de toda la semana para que sean variadas.	Mae'n dda cynllunio eich prydau nos am yr wythnos fel eu bod nhw'n amrywiol.
Cada fin de semana compramos comida india para llevar.	Bob penwythnos, rydyn ni'n prynu tecawê Indiaidd.
No soy muy fanática de la comida muy picante.	Dydw i ddim yn hoffi bwyd sbeislyd ryw lawer.

ARFERION A THRADDODIADAU | 43

No soporto las verduras ni la ensalada, pero sé que debería comerlas.	Dydw i ddim yn gallu dioddef llysiau na salad, ond rwy'n gwybod y dylwn i eu bwyta nhw.
Desde mi punto de vista hay demasiados programas dedicados a la cocina.	O'm safbwynt i, mae gormod o raglenni coginio.
Estamos rodeados de programas de cocina y muchos chefs se han vuelto celebridades.	Rydyn ni wedi ein hamgylchynu â rhaglenni coginio ac mae llawer o gogyddion wedi dod yn bobl enwog.
Una de las cosas que más me gusta de viajar es disfrutar de la gastronomía y cultura de una región.	Un o'r pethau rwy'n ei hoffi fwyaf am deithio yw mwynhau bwyd a diwylliant ardal.
Si tuviera la oportunidad de viajar, me encantaría probar comidas exóticas.	Pe bai gen i gyfle i deithio, byddwn i'n caru trio bwyd egsotig.
Me encanta probar cosas nuevas.	Rwy'n caru trio pethau newydd.

GRAMADEG

Adferfau lle ac amser

Bydd angen i chi adnabod a defnyddio'r adferfau canlynol:

hoy – heddiw
mañana – yfory
ayer – ddoe
ahora – nawr
ya – yn barod
a veces – weithiau
a menudo – yn aml
siempre – bob amser
aquí – yma
allí – yno

TASG ARHOLIAD

Escribe un artículo para un blog. Tienes que incluir:

- tu última visita a un restaurante
- lo que comiste y bebiste
- tus opiniones

Escribe aproximadamente 100 palabras en español.

Cofiwch:

- Ceisiwch lynu'n agos wrth nifer y geiriau sy'n cael eu hargymell yn yr arholiad.
- Fyddwch chi ddim ar eich ennill o ysgrifennu mwy na'r nifer o eiriau sy'n cael eu hargymell – yn wir gall eich gwaith fynd yn llai cywir a gallech chi fynd yn brin o amser ar gyfer cwestiynau eraill.
- Rhannwch eich amser yn gyfartal rhwng y tri phwynt bwled.
- Gwnewch gynllun bras cyn dechrau ysgrifennu.
- Gadewch ddigon o amser i wirio eich gwaith neu gallech chi golli marciau oherwydd diffyg cywirdeb.

GWYLIAU A DATHLIADAU

¿Cuál es tu festival preferido? ¿Por qué?
Beth yw dy hoff ŵyl? Pam?

Mi fiesta preferida es la Nochevieja porque me quedo despierto/a toda la noche. El año pasado salimos a medianoche para ver los fuegos artificiales. Lo pasé bomba.
Fy hoff ŵyl yw Nos Galan achos rwy'n cael aros i fyny drwy'r nos. Y llynedd aethon ni allan am hanner nos i weld y tân gwyllt. Ces i amser gwych.

Describe una festividad que celebraste el año pasado.
Disgrifia ŵyl y gwnes ti ei dathlu y llynedd.

Para Halloween, me disfracé de zombie y mi hermano menor tuvo mucho miedo. Hicimos 'trick or treat' y nuestros vecinos nos dieron un montón de caramelos. Fue una noche divertida.
Ar gyfer Calan Gaeaf, fe wisgais i fel sombi ac roedd fy mrawd bach yn ofnus iawn. Aethon ni i wneud 'tric neu trît' a rhoddodd ein cymdogion lawer o losin/o dda-da i ni. Roedd hi'n noson llawn hwyl.

¿Qué piensas de las fiestas tradicionales?
Beth yw dy farn di am wyliau traddodiadol?

Estoy totalmente a favor de las fiestas tradicionales porque estas tradiciones nos permiten reunirnos con toda la familia y pasar tiempo juntos. A mi modo de ver, las fiestas representan las tradiciones de una región.
Rwy'n llwyr o blaid gwyliau traddodiadol oherwydd bod y traddodiadau hyn yn caniatáu i ni gwrdd â'r teulu i gyd a threulio amser gyda'n gilydd. Hyd y gwelaf i, mae gwyliau yn cynrychioli traddodiadau ardal.

ARFERION A THRADDODIADAU | **45**

¿Qué harás para celebrar tu próximo cumpleaños?
Beth byddi di'n ei wneud i ddathlu dy ben-blwydd nesaf?

> Celebraré mi cumpleaños con mis mejores amigos y mi familia. Mi madre me hará un pastel de cumpleaños y mi hermana organizará una fiesta en casa. ¡Espero recibir muchos regalos!
> Byddaf i'n dathlu fy mhen-blwydd gyda fy ffrindiau gorau a'm teulu. Bydd fy mam yn gwneud cacen ben-blwydd i mi a bydd fy chwaer yn trefnu parti yn y tŷ. Rwy'n gobeithio cael llawer o anrhegion!

¿Te gustaría asistir a un festival de música?
Hoffet ti fynd i ŵyl gerdd?

> Nunca he asistido a un festival de música entonces después de mis exámenes, me gustaría ir a un festival de verano con mis amigos. Haremos camping allí y veremos a nuestros cantantes preferidos.
> Dydw i erioed wedi bod mewn gŵyl gerdd, felly ar ôl fy arholiadau hoffwn i fynd i ŵyl gyda fy ffrindiau. Byddwn ni'n gwersylla yno a byddwn ni'n gweld ein hoff artistiaid.

GRAMADEG

Digwyddiadau sy'n cael eu cynnal
I siarad am ddigwyddiad sy'n cael ei gynnal, gallwch chi ddefnyddio tener lugar – e.e. la fiesta tiene lugar en verano (mae'r parti'n digwydd/cael ei gynnal yn yr haf).

Mae'r ferf atblygol celebrarse hefyd yn cael ei defnyddio. Gall hyn olygu 'digwydd/cael ei gynnal' – e.e. la conferencia se celebra en Madrid (mae'r gynhadledd yn cael ei chynnal yn Madrid) – ond gall hefyd olygu 'cael ei ddathlu' – e.e. la fiesta se celebra cada año (mae'r parti'n cael ei ddathlu bob blwyddyn).

Weithiau, fe sylwch chi fod llevar(se) a cabo yn cael ei ddefnyddio. Yn llythrennol mae'n golygu 'gweithredu' ond mae'n bosibl ei ddefnyddio yng nghyd-destun cynnal digwyddiad – e.e. el festival se lleva a cabo el miercóles (mae'r ŵyl yn cael ei chynnal ddydd Mercher).

TASG ARHOLIAD

Cyfieithwch y paragraff canlynol i'r Gymraeg:
El festival de música tuvo lugar el fin de semana pasado. Mis padres me dejaron ir con mis amigos por primera vez. Muchos turistas vinieron al pueblo para el evento y lo pasé fenomenal. Me encanta acampar y escuchar música en vivo y tengo ganas de volver al mismo festival el año que viene. ¡Va a ser increíble!

Y cyfieithiad i'r Gymraeg yw'r cwestiwn olaf yn yr arholiad darllen ac mae'n werth 6 marc – dim ond 2.5% o'r TGAU cyfan yw hyn, felly peidiwch â threulio mwy o amser arno nag y byddech chi ar unrhyw gwestiwn arall ar y papur darllen.

GWYLIAU A DATHLIADAU

YMADRODDION DEFNYDDIOL

Las fiestas populares forman parte de nuestra cultura.	Mae gwyliau poblogaidd yn rhan o'n diwylliant.
Lo más conocido mundialmente entre las tradiciones españolas son ciertamente el flamenco y las corridas de toros.	Y traddodiadau Sbaenaidd mwyaf enwog dros y byd yn sicr yw dawnsio fflamenco ac ymladd teirw.
Estoy en contra de las corridas de toros.	Rydw i yn erbyn ymladd teirw.
Las fiestas locales fortalecen el sentido de comunidad.	Mae gwyliau lleol yn atgyfnerthu ymdeimlad o gymuned.
Celebrar las tradiciones nos ayuda a mantenernos conectados a nuestra cultura.	Mae dathlu traddodiadau yn ein helpu ni i gadw cysylltiad â'n diwylliant.
Las fiestas son una excelente oportunidad para apreciar las culturas de todo el mundo.	Mae gwyliau yn gyfle ardderchog i werthfawrogi diwylliannau o bob rhan o'r byd.
No me gustan nada las sorpresas.	Dydw i ddim yn hoffi syrpreisys o gwbl.
Como a todo el mundo me encanta recibir regalos.	Fel pawb rwy'n caru derbyn anrhegion.
Personalmente, me gusta más regalar que recibir regalos.	Yn bersonol, mae'n well gen i roi yn hytrach na derbyn anrhegion.
No sé cómo persuadir a mis padres para que me dejen ir solo/a a un festival.	Dydw i ddim yn gwybod sut i berswadio fy rhieni i adael i mi fynd i ŵyl ar fy mhen fy hun.
Cuando era pequeño/a, siempre celebraba mi cumpleaños con mi familia, pero ahora prefiero salir con mis amigos.	Pan oeddwn i'n iau, roeddwn i bob amser yn dathlu fy mhen-blwydd gyda fy nheulu, ond nawr mae'n well gen i fynd allan gyda fy ffrindiau.
Tuve mucha suerte porque recibí un montón de regalos.	Roeddwn i'n lwcus iawn achos fe ges i lawer o anrhegion.
Decoramos la casa y siempre cenamos juntos.	Rydyn ni'n addurno'r tŷ ac rydyn ni bob amser yn cael swper gyda'n gilydd.
Mi abuela siempre cocina una cena enorme.	Mae fy mam-gu/nain bob amser yn coginio swper enfawr.
Mandar postales y tarjetas es una tradición que creo que merece la pena conservar.	Mae anfon cardiau yn draddodiad rwy'n credu sy'n werth ei gadw.
Antes prefería mi cumpleaños porque me gustaba recibir muchos regalos, pero ahora me gusta la Nochevieja porque mis amigos y yo podemos hacer una fiesta.	Roeddwn i'n arfer hoffi fy mhen-blwydd yn fwy oherwydd roeddwn i'n hoffi cael llawer o anrhegion, ond nawr mae'n well gen i Nos Galan oherwydd gall fy ffrindiau a fi gael parti.
Para mi cumpleaños me encantaría recibir un nuevo ordenador porque el mío está roto.	Ar gyfer fy mhen-blwydd, byddwn i'n caru cael cyfrifiadur newydd gan fod fy un i wedi torri.

Las fiestas españolas parecen muy divertidas e interesantes, por eso me encantaría ir a una fiesta en España.	Mae gwyliau Sbaen yn ymddangos yn hwyl ac yn ddiddorol, felly byddwn i'n caru mynd i ŵyl yn Sbaen.
Creo que mi fiesta española favorita es la Tomatina porque es muy diferente.	Rwy'n meddwl mai fy hoff ŵyl Sbaenaidd yw'r Tomatina oherwydd ei bod yn wahanol iawn.
Me gustaría participar en una fiesta española al menos una vez.	Hoffwn i gymryd rhan mewn gŵyl Sbaenaidd o leiaf unwaith.
Pienso que las tradiciones hacen la vida más interesante.	Rwy'n meddwl bod traddodiadau yn gwneud bywyd yn fwy diddorol.
Para mí, las tradiciones son inútiles y no tienen ningún valor.	I mi, mae traddodiadau yn dda i ddim a does ganddyn nhw ddim gwerth.
Cada generación debería tener sus propias tradiciones.	Dylai pob cenhedlaeth gael ei thraddodiadau ei hun.
Mucha gente tiene puntos de vista diferentes sobre las fiestas.	Mae gan lawer o bobl safbwyntiau gwahanol am wyliau.

GRAMADEG

Brawddegau si

Cofiwch y gallwch chi ddefnyddio brawddegau si (os/pe bai) i wella eich Sbaeneg.

Gallwch chi ddefnyddio si + **amser presennol** ac yna'r amser dyfodol (neu'r dyfodol agos) – e.e. **si tengo** suerte, recibiré muchos regalos (os ydw i'n lwcus, byddaf i'n cael llawer o anrhegion).

Brawddeg si sy'n fwy cymhleth yw si + **dibynnol amherffaith** a'i ddilyn gan yr amser amodol – e.e. **si tuviera** mucho dinero, tendría una fiesta enorme (pe bai gen i lawer o arian, byddwn i'n cael parti enfawr).

Ar gyfer y ddwy gystrawen hyn, mae angen i chi adolygu'r amser dyfodol, y dyfodol agos a'r amser amodol.

TASG ARHOLIAD

Mae ateb cwestiynau sgwrsio ar bob pwnc yn ysgrifenedig yn ffordd dda o adolygu ar gyfer eich arholiad ysgrifennu hefyd.

Defnyddiwch ac addaswch yr ymadroddion defnyddiol ar dudalen 46 a'r dudalen hon i'ch helpu i ateb y canlynol. Cofiwch ddefnyddio amrywiaeth o amserau a chynnwys mwy nag un darn o wybodaeth os oes modd. Allwch chi gyfiawnhau eich safbwyntiau?

- ¿Prefieres celebrar tu cumpleaños con tu familia o con tus amigos? ¿Por qué? A yw'n well gen ti ddathlu dy ben-blwydd gyda dy deulu neu gyda dy ffrindiau? Pam?
- Los regalos son muy caros. ¿Qué piensas? Mae anrhegion yn ddrud iawn. Beth yw dy farn di?
- Describe tu mejor cumpleaños. Disgrifia dy ben-blwydd gorau.
- ¿Cómo sería tu fiesta ideal? Sut beth fyddai dy barti delfrydol?
- ¿Crees que las tradiciones culturales son importantes? ¿Por qué (no)? Wyt ti'n meddwl bod traddodiadau diwylliannol yn bwysig? Pam (ddim)?
- ¿Te gustan las fiestas? ¿Por qué (no)? Wyt ti'n hoffi gwyliau? Pam (ddim)?
- ¿Cuál es tu fiesta preferida en tu país? ¿Por qué? Pa un yw dy hoff ŵyl yn dy wlad di? Pam?
- ¿Has asistido a un festival? Wyt ti wedi bod mewn gŵyl?
- ¿Qué vas a hacer el próximo día festivo? Beth rwyt ti'n mynd i'w wneud dros yr ŵyl banc nesaf?

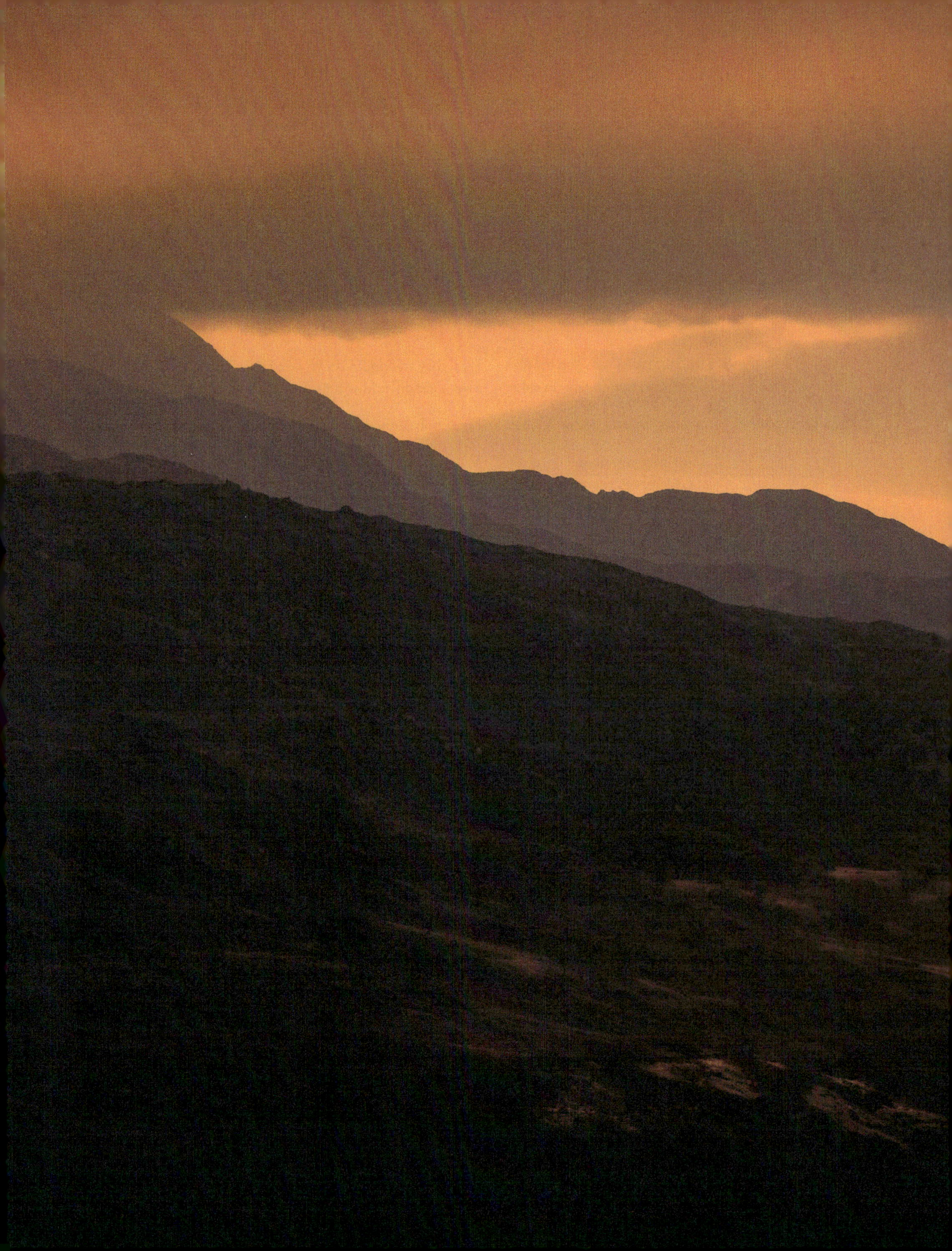

CYMRU A'R BYD – MEYSYDD O DDIDDORDEB

Y CARTREF A'R ARDAL LEOL

Mae is-thema **Y Cartref a'r Ardal Leol** yn cael ei rhannu yn ddwy ran. Dyma rai awgrymiadau am bynciau i'w hadolygu:

ARDALOEDD LLEOL O DDIDDORDEB
- cyfleusterau a mwynderau *(amenities)* lleol
- atyniadau i dwristiaid
- nodweddion daearyddol
- tywydd a hinsawdd
- manteision ac anfanteision lle rydych chi'n byw
- eich ardal leol yn y gorffennol

TEITHIO A THRAFNIDIAETH
- gwahanol fathau o drafnidiaeth
- manteision ac anfanteision mathau o drafnidiaeth
- gwahanol fathau o deithiau
- cysylltiadau trafnidiaeth
- prynu tocynnau ac archebu taith
- problemau trafnidiaeth – e.e. oedi, streiciau, etc.

YSGRIFENNU LLYTHYRAU

Mae'n bosibl y bydd yn rhaid i chi ysgrifennu llythyr neu e-bost yn eich arholiad. Cofiwch ddefnyddio usted mewn llythyr ffurfiol.

- Mewn llythyrau ffurfiol pan nad ydych chi'n adnabod y person, dechreuwch gyda Muy señor/a mío/a neu Estimado/a señor/a.
- Os ydych chi'n gwybod enw'r person, gallwch chi fyrhau Señor/Señora i Sr./Sra. – e.e. Estimado Sr. Pérez/Estimada Sra. González.
- Os ydych chi'n ysgrifennu llythyr neu e-bost anffurfiol at ffrind, defnyddiwch Querido/Querida/Queridos.
- Defnyddiwch Le saluda atentamente neu Atentamente i orffen llythyr ffurfiol.
- Mae Un cordial saludo a Cordialmente yn ffyrdd ychydig yn llai ffurfiol o orffen.
- Mewn llythyrau personol cyfeillgar, gallwch chi ddefnyddio Un (fuerte) abrazo neu Con (todo mi) cariño wrth orffen.

ARDALOEDD LLEOL O DDIDDORDEB

¿Qué piensas de tu región?
Beth yw dy farn di am dy ardal?

Me gusta vivir aquí porque es una ciudad moderna y tiene de todo. Sin embargo, es muy sucia y ruidosa y hay mucha contaminación también. Preferiría vivir en el campo porque es menos industrial.
Rwy'n hoffi byw yma oherwydd ei bod hi'n ddinas fodern ac mae ganddi bopeth. Fodd bynnag, mae'n frwnt/budr a swnllyd iawn ac mae llawer o lygredd hefyd. Byddai'n well gen i fyw yn y wlad oherwydd mae'n llai diwydiannol.

¿Qué hay para los jóvenes en la zona en la que vives?
Beth sydd ar gael i bobl ifanc yn dy ardal?

No hay mucho que hacer para los jóvenes. Hay algunas tiendas y un cine bastante pequeño. Se puede jugar al tenis en el parque, pero creo que necesitamos un polideportivo.
Does dim llawer i bobl ifanc ei wneud. Mae rhai siopau a sinema eithaf bach. Gallwch chi chwarae tennis yn y parc, ond rwy'n meddwl bod angen canolfan hamdden arnon ni.

¿Qué vas a hacer en tu región este fin de semana?
Beth rwyt ti'n mynd i'w wneud yn dy ardal y penwythnos hwn?

Voy a salir con mis amigos al centro de la ciudad e iremos al cine. Por desgracia, mi ciudad no tiene muchas atracciones entonces no hay mucho que podemos hacer los fines de semana.
Rwy'n mynd i fynd allan gyda fy ffrindiau i ganol y dref a byddwn ni'n mynd i'r sinema. Yn anffodus, does dim llawer o atyniadau gan fy nhref felly does dim llawer y gallwn ni ei wneud yn ystod y penwythnos.

¿Cómo era tu barrio en el pasado?
Pa fath o le oedd dy ardal yn y gorffennol?

Mis abuelos me dijeron que la ciudad tenía menos industria y una población más pequeña. Había más parques y espacios verdes y la ciudad era más tranquila. Hoy en día hay muchas fábricas y el aire está contaminado.
Dywedodd mam-gu a tad-cu/nain a taid wrtha i fod gan y dref lai o ddiwydiant a phoblogaeth lai. Roedd mwy o barciau a mannau gwyrdd ac roedd y dref yn dawelach. Erbyn heddiw, mae llawer o ffatrïoedd ac mae'r aer yn llygredig.

Y CARTREF A'R ARDAL LEOL | 51

¿Qué te gustaría cambiar en tu barrio?
Beth byddet ti'n hoffi ei newid yn dy ardal?

Me gustaría cambiar muchas cosas porque no tenemos una piscina ni una bolera. En mi opinión, hacen falta más instalaciones deportivas. También haría algo para mejorar el centro comercial porque no tiene tiendas muy buenas.

Hoffwn i newid llawer o bethau oherwydd does gennym ni ddim pwll nofio na lôn fowlio. Yn fy marn i, mae angen mwy o gyfleusterau chwaraeon arnon ni. Byddwn i hefyd yn gwneud rhywbeth i wella'r ganolfan siopa oherwydd does dim llawer o siopau da ganddi.

Does dim gwahaniaeth a ydych chi'n byw mewn dinas enfawr, fywiog neu mewn pentref bach filltiroedd o bob man. Gallwch chi ffugio ffeithiau os oes angen – does neb yn mynd i ddod i weld a yw'r hyn rydych chi wedi'i ddweud neu wedi'i ysgrifennu yn wir! Yn ogystal â gallu disgrifio eich ardal leol, mae angen i chi gynnig safbwyntiau a thrafod manteision ac anfanteision.

GRAMADEG

Siarad am eich tref

I ddweud beth sydd yn eich tref, defnyddiwch **hay** (mae) – e.e. **hay** muchas tiendas (mae llawer o siopau). I ddweud beth oedd yn arfer bod yno yn y gorffennol, defnyddiwch **había** (roedd) – e.e. en el pasado **había** menos tráfico (yn y gorffennol roedd llai o draffig).

Mae'n bosibl y bydd hefyd angen i chi ddefnyddio'r amser amherffaith i ddweud sut le oedd eich tref neu'r ardal leol yn y gorffennol – e.e. mi pueblo **era** más tranquilo (roedd fy mhentref yn dawelach). Gallwch chi hefyd ei ddefnyddio i ddweud beth roeddech chi'n arfer ei wneud yn rheolaidd yn eich ardal leol – e.e. en el pasado **jugaba** en el parque (yn y gorffennol roeddwn i'n arfer chwarae yn y parc).

TASG ARHOLIAD

Lee la información sobre el centro de la ciudad. Empareja 1–4 con la letra correcta.

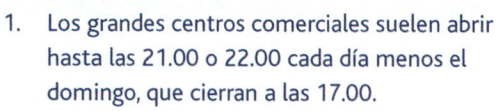

1. Los grandes centros comerciales suelen abrir hasta las 21.00 o 22.00 cada día menos el domingo, que cierran a las 17.00.
2. Están abiertos de 9.30 a 16.30 para sacar dinero y algunos también abren los sábados por la mañana.
3. Allí se pueden comprar sellos, enviar paquetes, pagar las facturas de electricidad, teléfono, etc.
4. Sirven comida hasta las 22.00–23.00 y tienen ofertas especiales para la comida entre las 11.00 y las 14.00.

a. La oficina de correos
b. Los museos
c. Las tiendas
ch. Los restaurantes
d. Los hospitales
dd. Los bancos

Byddwch yn ofalus gyda'r math cyffredin hwn o gwestiwn. Mae cliwiau ffug yn fwy anodd eu gweld yn Sbaeneg! Mae dau ateb uchod na fydd angen i chi eu defnyddio – chwiliwch am eiriau allweddol i'ch helpu i baru pob rhif â'r llythyren gywir.

ARDALOEDD LLEOL O DDIDDORDEB

YMADRODDION DEFNYDDIOL

Me parece que hay mucha cultura en mi zona. Por ejemplo, se puede visitar el castillo y la catedral.	Mae'n ymddangos i mi bod llawer o ddiwylliant yn fy ardal. Er enghraifft, gallwch chi fynd i weld y castell a'r eglwys gadeiriol.
Siempre me ha gustado vivir aquí porque mis vecinos son encantadores y hay mucha gente de mi edad.	Rydw i bob amser wedi hoffi byw yma oherwydd bod fy nghymdogion yn hyfryd ac mae llawer o bobl fy oedran i.
Vivo en mi barrio desde que nací y siempre he vivido en la misma casa.	Rydw i wedi byw yn fy ardal ers i mi gael fy ngeni ac rydw i wedi byw yn yr un tŷ erioed.
Solo llevo un año viviendo en este barrio desde que nos mudamos recientemente.	Rydw i ond wedi byw yn yr ardal yma ers blwyddyn ers i ni symud yn ddiweddar.
Hay muchas ventajas y desventajas de vivir en mi barrio; por ejemplo …	Mae llawer o fanteision ac anfanteision byw yn fy ardal i; er enghraifft …
Para divertirse hay una variedad de restaurantes, bares y discotecas.	Ar gyfer hamdden, mae amrywiaeth o fwytai, bariau a disgos.
En mi opinión, es esencial mejorar la red de transporte público.	Yn fy marn i, mae'n hanfodol gwella'r rhwydwaith trafnidiaeth gyhoeddus.
Deberíamos construir una zona peatonal porque hay demasiado tráfico.	Dylen ni adeiladu parth i gerddwyr oherwydd mae gormod o draffig.
Mi barrio es conocido por su equipo de fútbol y el año que viene van a construir un estadio nuevo.	Mae fy ardal i'n adnabyddus am ei thîm pêl-droed a'r flwyddyn nesaf maen nhw'n mynd i adeiladu stadiwm newydd.
No hay absolutamente nada de interés en mi barrio porque está en las afueras de la ciudad.	Does dim byd o ddiddordeb yn fy ardal i o gwbl gan ei bod hi ar gyrion y ddinas.
En el pasado había mucha industria y fábricas, pero ahora hay mucho paro.	Yn y gorffennol, roedd llawer o ddiwydiant a llawer o ffatrïoedd ond nawr mae llawer o ddiweithdra.
Creo que el centro de la ciudad es peligroso y necesitamos cámaras de seguridad en las calles.	Rwy'n meddwl bod canol y dref yn beryglus a bod angen camerâu diogelwch arnon ni yn y strydoedd.
Si fuera alcalde/alcaldesa construiría más casas baratas para la población creciente.	Pe bawn i'n faer, byddwn i'n adeiladu mwy o dai rhad i'r boblogaeth sy'n tyfu.
Mi pueblo está lejos del centro de la ciudad y no hay autobuses regulares, entonces estamos bastante aislados.	Mae fy mhentref i ymhell o ganol y ddinas a does dim bysiau rheolaidd, felly rydyn ni'n eithaf ynysig.
Preferiría vivir en un pueblo porque me gustaría formar parte de una comunidad.	Byddai'n well gen i fyw mewn pentref oherwydd byddwn i'n hoffi bod yn rhan o gymuned.

Y CARTREF A'R ARDAL LEOL | **53**

Es muy aburrido vivir aquí porque no hay nada que hacer y todos mis amigos viven muy lejos de mí. ¡Lo odio!	Mae'n ddiflas iawn byw yma oherwydd does dim byd i'w wneud ac mae fy ffrindiau i gyd yn byw ymhell iawn oddi wrtha i. Rwy'n ei gasáu!
A mí me gusta mi región a pesar de que donde yo vivo no hay mucho que hacer.	Rwy'n hoffi fy ardal er nad oes llawer i'w wneud lle rwy'n byw.
Mi ciudad es bastante moderna porque fue construida en los años 70.	Mae fy ninas i yn eithaf modern oherwydd cafodd ei hadeiladu yn yr 1970au.
Mi barrio es una mezcla de antiguo y moderno y tiene una historia bastante interesante.	Mae fy ardal i yn gymysgedd o'r hen a'r modern ac mae ganddi hanes eithaf diddorol.

GRAMADEG

Eich ardal leol
I ddweud beth gallwch chi ei wneud yn eich ardal, defnyddiwch **se puede** + **berfenw** – e.e. **se puede ir** al cine (gallwch chi fynd i'r sinema), **se puede visitar** los monumentos (gallwch chi ymweld â'r cofadeiladau).

Mae ffyrdd gwahanol hefyd o siarad am beth sydd ei angen ar eich ardal leol.

Gallwch chi ddefnyddio'r ferf necesitar – e.e. mi ciudad **necesita** más tiendas (mae angen mwy o siopau ar fy nhref/fy ninas).

Neu gallwch chi ddefnyddio hacer falta, sy'n gweithio yn yr un ffordd yn union â gustar – e.e. gallech chi ddweud nos **hace falta** un centro comercial (mae angen canolfan siopa arnon ni) neu a mi ciudad le **hacen falta** más restaurantes (mae angen mwy o fwytai ar fy nhref/fy ninas).

Cyfieithwch y paragraff canlynol i'r Sbaeneg:
Rwy'n hoffi byw yn fy nhref oherwydd bod llawer o bethau i bobl ifanc eu gwneud. Yn y gorffennol, doedd dim sinema ond nawr mae canolfan siopa fawr ger yr afon. Yn fy marn i, mae angen mwy o fysiau arnon ni. Yn y dyfodol, hoffwn i fyw yn Sbaen gan fy mod i'n caru diwylliant Sbaen ac mae'n heulog.

Gwiriwch yn ofalus eich bod chi'n defnyddio'r amserau cywir.

TASG ARHOLIAD

TEITHIO A THRAFNIDIAETH

¿Cuál es tu medio de transporte preferido? ¿Por qué?
Beth yw dy hoff ffordd o deithio? Pam?

> Prefiero viajar en avión porque es más cómodo y relajante que el tren. El avión es el medio de transporte más seguro que existe y la posibilidad de sufrir un accidente en avión es mínima.
> Mae'n well gen i deithio mewn awyren gan ei fod yn gyfforddus ac yn ymlaciol. Yr awyren yw'r ffordd fwyaf diogel o deithio sy'n bodoli ac mae'r posibilrwydd o gael damwain yn fach iawn.

¿Cuáles son las ventajas y desventajas del transporte público?
Beth yw manteision ac anfanteision trafnidiaeth gyhoeddus?

> Primero, el transporte público reduce el número de vehículos en las carreteras y, por lo tanto, es beneficioso para el medio ambiente. Es barato y práctico, pero hay que admitir que no es muy cómodo. A veces no hay asientos y siempre hay retrasos.
> I ddechrau, mae trafnidiaeth gyhoeddus yn lleihau nifer y cerbydau ar y ffordd ac felly mae'n fanteisiol i'r amgylchedd. Mae'n rhad ac yn ymarferol ond mae'n rhaid i chi gyfaddef nad yw'n gyfforddus iawn. Weithiau does dim seddi ac mae bob amser oedi.

¿Cuáles son los inconvenientes de viajar en coche?
Beth yw anfanteision teithio mewn car?

> La verdad es que el coche ofrece bastantes desventajas serias; por ejemplo, el alto precio de la gasolina. Aparcar en el centro de la ciudad es imposible, siempre hay atascos y el coche produce mucha contaminación. Sin embargo, el coche te da libertad y, como todos mis amigos, tengo la intención de aprender a conducir.
> Y gwir yw bod gan y car nifer o anfanteision eithaf difrifol; er enghraifft, pris uchel petrol. Mae parcio yng nghanol y ddinas yn amhosibl, mae tagfeydd traffig drwy'r amser ac mae ceir yn allyrru llawer o lygredd. Serch hynny, mae car yn rhoi rhyddid i chi ac, fel fy ffrindiau i gyd, rwy'n bwriadu dysgu gyrru.

Y CARTREF A'R ARDAL LEOL | **55**

¿Cómo fuiste al colegio ayer?
Sut est ti i'r ysgol ddoe?

> Normalmente voy al colegio a pie porque no está lejos, pero llovió ayer por la mañana entonces fui en coche con mis vecinos.
> Fel arfer rwy'n cerdded i'r ysgol gan nad yw'n bell, ond roedd hi'n bwrw glaw bore ddoe felly es i yn y car gyda fy nghymdogion.

¿Como viajarás de vacaciones el año que viene?
Sut byddi di'n teithio ar dy wyliau y flwyddyn nesaf?

> El verano que viene iré a Francia con mi familia y viajaremos en coche y en barco. Me encanta el ferry porque hay mucho que hacer durante el viaje.
> Yr haf nesaf, byddaf i'n mynd i Ffrainc gyda fy nheulu a byddwn ni'n teithio mewn car ac ar gwch. Rwy'n caru'r fferi gan fod llawer o bethau i'w gwneud yn ystod y daith.

Darllenwch y testun llenyddol ac atebwch y cwestiynau yn Gymraeg.

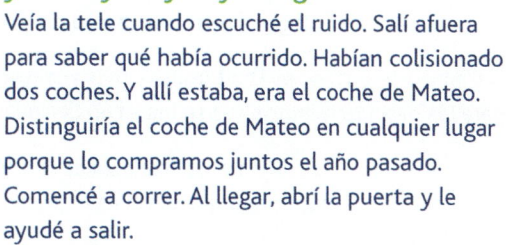

TASG ARHOLIAD

Veía la tele cuando escuché el ruido. Salí afuera para saber qué había ocurrido. Habían colisionado dos coches. Y allí estaba, era el coche de Mateo. Distinguiría el coche de Mateo en cualquier lugar porque lo compramos juntos el año pasado. Comencé a correr. Al llegar, abrí la puerta y le ayudé a salir.

1. Beth roedd yr awdur yn ei wneud pan glywodd hi'r sŵn?
2. Beth oedd wedi digwydd i achosi'r sŵn?
3. Pam roedd hi'n gallu adnabod car Mateo?
4. Beth wnaeth hi ar ôl iddi gyrraedd y car?

Mae'r testun wedi'i ysgrifennu yn yr amser gorffennol yn bennaf. Mae'r frawddeg gyntaf (*veía la tele cuando escuché el ruido*) yn enghraifft dda o'r gwahaniaeth rhwng yr amser amherffaith a'r amser gorffennol. Mae'r amherffaith yn cael ei ddefnyddio i ddisgrifio rhywbeth oedd yn digwydd ar y pryd (**veía** la tele) ac mae'r gorffennol yn cael ei ddefnyddio i ddisgrifio un weithred sengl a ddaeth i ben (**escuché** el ruido).

GRAMADEG

Ansoddeiriau

- Cofiwch fod angen i ansoddeiriau gael terfyniadau gwahanol yn ôl a ydyn nhw'n disgrifio enw gwrywaidd, benywaidd, unigol neu luosog – e.e. **el coche es pequeño** (mae'r car yn fach), **la estación es moderna** (mae'r orsaf yn fodern), **los trenes son rápidos** (mae'r trenau yn gyflym).
- I wneud cymariaethau rhwng gwahanol fathau o drafnidiaeth, defnyddiwch **más ... que** neu **menos ... que** – e.e. **el tren es más cómodo que el autobús** (mae'r trên yn fwy cyfforddus na'r bws), **el metro es menos caro que el tranvía** (mae'r metro yn llai drud na'r tram).
- Ond os ydych chi am ddweud bod rhywbeth yn well neu'n waeth, yna defnyddiwch **mejor que** neu **peor que** – e.e. **viajar en avión es mejor que ir en tren** (mae teithio mewn awyren yn well na mynd ar y trên).

TEITHIO A THRAFNIDIAETH

YMADRODDION DEFNYDDIOL

Odio esperar en la parada de autobús.	Rwy'n casáu aros yn yr arhosfan bysiau.
Siempre me mareo en el coche.	Rydw i bob amser yn mynd yn sâl yn y car.
Preferiría viajar en coche, pero hay que pensar en el medio ambiente.	Byddai'n well gen i deithio mewn car ond mae'n rhaid i chi feddwl am yr amgylchedd.
En mi opinión, los autobuses son demasiados lentos.	Yn fy marn i, mae bysiau yn rhy araf.
Ir en bicicleta es más sano y práctico.	Mae mynd ar feic yn fwy iach ac ymarferol.
El transporte público es sucio e incómodo.	Mae trafnidiaeth gyhoeddus yn frwnt/budr ac yn anghyfforddus.
Prefiero ir al colegio andando porque me da independencia.	Mae'n well gen i gerdded i'r ysgol oherwydd mae'n rhoi annibyniaeth i mi.
Puedo leer una revista cuando viajo en tren.	Gallaf ddarllen cylchgrawn pan fyddaf i'n teithio ar y trên.
Hay demasiados retrasos.	Mae gormod o oedi.
Viajar en coche es más rápido, ya que evitas trasbordos y llegas directamente a tu destino.	Mae teithio mewn car yn gynt, gan dy fod yn osgoi newid ac rwyt ti'n cyrraedd pen y daith yn syth.
El transporte público es la alternativa más ecológica para los desplazamientos que se hacen en la ciudad.	Trafnidiaeth gyhoeddus yw'r dewis mwyaf ecolegol ar gyfer teithio yn y dref.
Usar el transporte público resulta más barato que el vehículo privado.	Mae defnyddio trafnidiaeth gyhoeddus yn rhatach na cherbyd preifat.
Con el transporte público llegas a tu destino sin complicaciones y sin estrés.	Gyda thrafnidiaeth gyhoeddus rwyt ti'n cyrraedd pen y daith heb gymhlethdodau a heb straen.
Nunca queda un asiento libre en las horas punta.	Does byth sedd ar gael yn ystod yr oriau brys.
Los aeropuertos son muy aburridos y el tiempo de espera antes y después del vuelo es bastante largo y tedioso.	Mae meysydd awyr yn ddiflas iawn ac mae'r amser aros cyn ac ar ôl hedfan yn eithaf hir ac anniddorol.
La seguridad en los aeropuertos es muy exigente.	Mae'r diogelwch mewn meysydd awyr yn drwm iawn.
Una de las cosas que menos me gusta de viajar es el tiempo de espera.	Un o'r pethau rwy'n ei hoffi leiaf am deithio yw'r amser aros.
En mi pueblo, la frecuencia de los autobuses es muy escasa.	Yn fy mhentref i, does dim bysiau yn aml iawn.
Los trenes son mucho más ecológicos que cualquier otro transporte porque pueden transportar a cientos de pasajeros.	Mae trenau yn fwy ecolegol nag unrhyw fath arall o drafnidiaeth oherwydd gallan nhw gludo cannoedd o deithwyr.

Y CARTREF A'R ARDAL LEOL | **57**

El precio de los billetes debería ser más económico y accesible.

Dylai pris tocynnau fod yn rhatach ac yn fwy fforddiadwy.

Los coches son costosos para comprar y mantener, sin mencionar el alto costo de la gasolina.

Mae ceir yn ddrud i'w prynu a'u cadw, heb sôn am gost uchel petrol.

Nid yw'r pwnc hwn yn ymwneud â phrynu tocyn yn unig! Mae angen i chi allu rhoi eich barn am wahanol fathau o drafnidiaeth a gwneud cymariaethau rhyngddyn nhw. Beth yw manteision ac anfanteision gwahanol fathau o drafnidiaeth? Meddyliwch am ffyrdd o gynnwys yr amserau gorffennol, presennol a'r dyfodol yn eich atebion.

Yn yr arholiad siarad, bydd y cwestiwn cyntaf am y llun ar gerdyn yn gofyn i chi ddisgrifio'r llun (neu beth sy'n digwydd ynddo):

- Describe la foto. (Sylfaenol)/ ¿De qué trata esta foto? (Uwch)

Bydd yr ail gwestiwn fel arfer yn gofyn am eich barn – e.e.:

- ¿Crees que es peligroso ir en bicicleta por las carreteras? ¿Por qué (no)? Wyt ti'n meddwl bod beicio ar y ffordd yn beryglus? Pam (ddim)?

Yna bydd eich athro/athrawes yn gofyn **dau** gwestiwn heb eu gweld o'r blaen. Yn y cwestiwn cyntaf heb ei weld o'r blaen, bydd angen i chi fel arfer roi sylw ar farn – e.e.:

- El transporte público es demasiado caro. ¿Estás de acuerdo? Mae trafnidiaeth gyhoeddus yn rhy ddrud. Wyt ti'n cytuno?

Fel arfer bydd angen ateb y cwestiwn olaf mewn amser gwahanol – e.e.:

- ¿Qué tipos de transporte utilizaste la semana pasada? Pa fath o drafnidiaeth ddefnyddiaist ti yr wythnos diwethaf?

Yn ystod eich amser paratoi, ceisiwch feddwl am rai o'r pethau a allai godi yn y cwestiynau heb eu gweld o'r blaen.

GRAMADEG

Adferfau

Mae'n bosibl y bydd angen i chi ddefnyddio adferfau wrth siarad am drafnidiaeth a theithiau yn Sbaeneg. Mae adferfau yn cael eu defnyddio i fynegi sut, pryd, ble neu i ba raddau mae rhywbeth yn digwydd. Mae llawer o adferfau Sbaeneg yn cael eu ffurfio drwy ychwanegu **mente** at ffurf fenywaidd yr ansoddair – e.e.:

rápida (cyflym) → rápida**mente** (yn gyflym)
lenta (araf) → lenta**mente** (yn araf)

Nid yw rhai adferfau yn dilyn y patrwm hwn – e.e. **bien** (yn dda), **mal** (yn wael), **a menudo** (yn aml), **a veces** (weithiau).

Gallwch chi hefyd wneud cymariaethau gydag adferfau drwy ddefnyddio **más ... que** a **menos ... que** – e.e. llego **menos** rápidamente en tren **que** en autobús (rwy'n cyrraedd yn llai cyflym ar y trên nag ar fws).

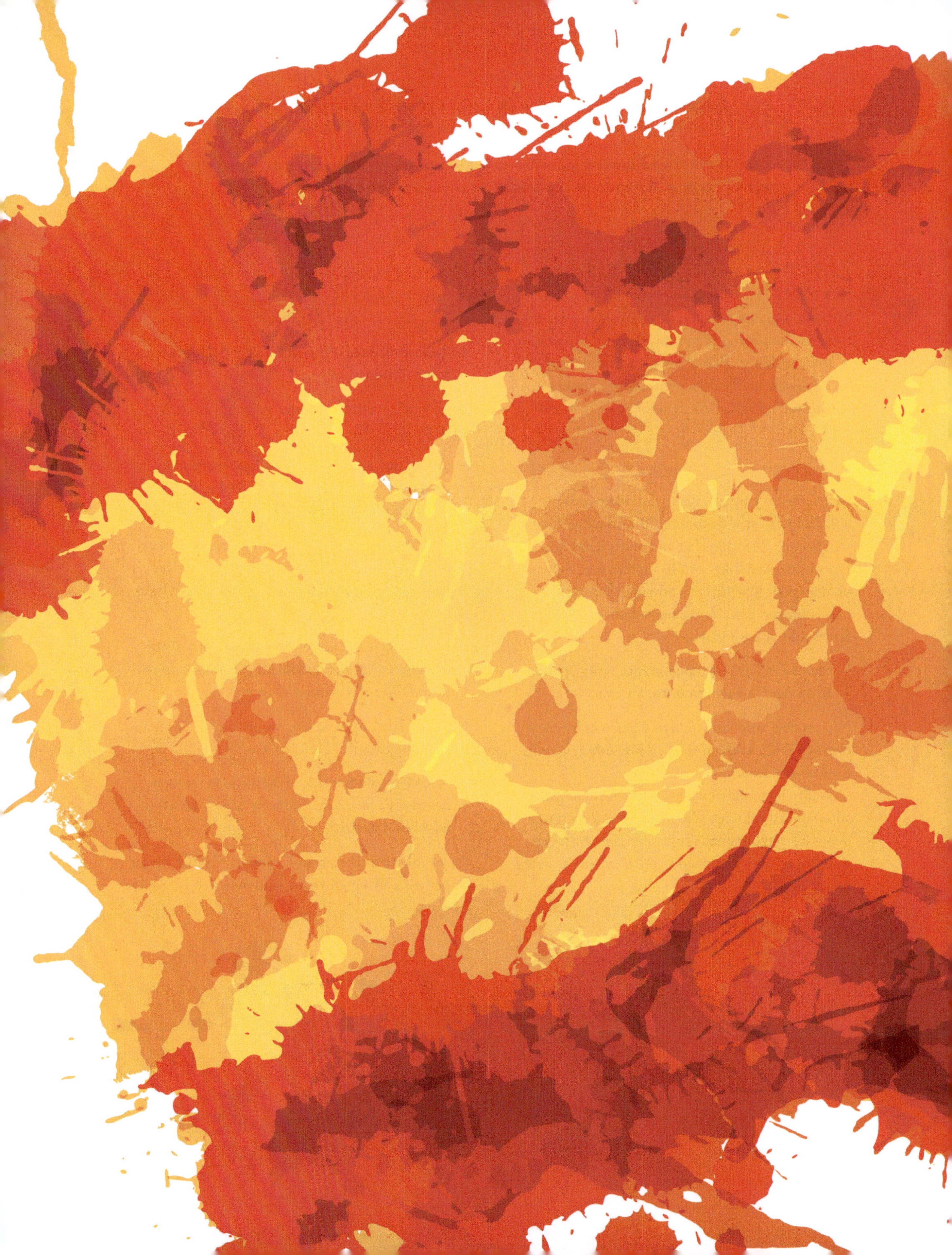

CYMRU A'R BYD – MEYSYDD O DDIDDORDEB

Y BYD EHANGACH

Mae is-thema **Y Byd Ehangach** yn cael ei rhannu yn ddwy ran. Dyma rai awgrymiadau am bynciau i'w hadolygu:

NODWEDDION LLEOL A RHANBARTHOL SBAEN A GWLEDYDD SBAENEG EU HIAITH

- lleoedd o ddiddordeb mewn gwledydd Sbaeneg eu hiaith
- nodweddion daearyddol
- tywydd a hinsawdd
- atyniadau i dwristiaid a chofadeiladau
- nodweddion rhanbarthol

GWYLIAU A THWRISTIAETH

- lleoliadau a threfi gwyliau
- mathau o wyliau
- llety gwyliau
- gweithgareddau gwyliau
- manteision ac anfanteision twristiaeth
- gwahanol fathau o dwristiaeth
- problemau a chwynion

COFIWCH:

Byddwch chi'n cael eich marcio am eich gwybodaeth ieithyddol a'ch cywirdeb yn eich arholiadau siarad ac ysgrifennu. Mae'n bwysig treulio amser yn adolygu pethau sylfaenol fel:

- cenedl enwau
- terfyniadau berfau
- ansoddeiriau (a sut maen nhw'n cytuno)
- arddodiaid
- amserau

Wrth adolygu'r pwnc hwn, does dim disgwyl i chi fod yn arbenigwr ar bob atyniad i dwristiaid yn Sbaen, ond dylech chi allu siarad yn gyffredinol am y pwnc.

NODWEDDION LLEOL A RHANBARTHOL SBAEN A GWLEDYDD SBAENEG EU HIAITH

¿Has visitado España alguna vez?
Wyt ti erioed wedi ymweld â Sbaen?

Nunca he visitado España, pero tengo ganas de ir a Barcelona para ver el estadio Camp Nou. Mis abuelos fueron a la Costa del Sol el verano pasado y dijeron que las playas eran muy bonitas.
Dydw i erioed wedi ymweld â Sbaen, ond rwy'n awyddus i fynd i Barcelona i weld stadiwm Camp Nou. Aeth mam-gu a tad-cu/nain a taid i'r Costa del Sol yr haf diwethaf ac fe ddywedon nhw fod y traethau yn brydferth iawn.

¿Te gusta visitar monumentos históricos durante tus vacaciones? ¿Por qué (no)?
Wyt ti'n hoffi ymweld â chofadeiladau hanesyddol ar dy wyliau? Pam (ddim)?

Creo que es importante aprender un poco de la historia de una región durante las vacaciones, pero tengo que admitir que encuentro los museos bastante aburridos. Lo que realmente me gusta es comer comida local y comprar recuerdos.
Rwy'n meddwl ei bod hi'n bwysig dysgu ychydig am hanes ardal yn ystod eich gwyliau, ond mae'n rhaid i mi gyfaddef fy mod i'n gweld amgueddfeydd yn eithaf diflas. Yr hyn rydw i wir yn ei fwynhau yw bwyta bwyd lleol a phrynu swfenîrs.

¿Qué país hispanohablante te gustaría visitar? ¿Por qué?
Pa wlad Sbaeneg ei hiaith hoffet ti ymweld â hi? Pam?

Me gustaría visitar México porque las playas son hermosas y los hoteles son lujosos. También, me encantaría visitar todos los sitios de interés. Tendría que ahorrar mucho dinero porque es caro viajar allí.
Hoffwn i ymweld â México gan fod y traethau yn brydferth a'r gwestai yn foethus. Hefyd, byddwn i'n caru ymweld â'r holl leoedd o ddiddordeb. Byddai'n rhaid i mi gynilo llawer o arian oherwydd ei bod hi'n ddrud i deithio yno.

Y BYD EHANGACH | **61**

Describe una visita que hiciste recientemente a una atracción turística.
Disgrifia ymweliad diweddar a wnest ti ag atyniad i dwristiaid.

> El fin de semana pasado, hicimos una excursión al castillo. Había un montón de turistas, pero lo pasamos bien.
> Y penwythnos diwethaf, aethon ni ar drip i'r castell. Roedd llawer o dwristiaid ond cawson ni amser da.

¿Es importante aprender sobre la cultura de una región durante las vacaciones? ¿Por qué (no)?
A yw hi'n bwysig dysgu am hanes ardal pan fyddwch chi ar wyliau? Pam (ddim)?

> Pienso que los turistas deberían respetar las diferentes culturas, pero no es esencial visitar los museos y los monumentos. Personalmente, prefiero combinar la cultura y el descanso durante mis vacaciones.
> Rwy'n meddwl y dylai twristiaid barchu diwylliannau gwahanol, ond nid yw'n hanfodol ymweld ag amgueddfeydd a chofadeiladau. Yn bersonol, mae'n well gen i gyfuno diwylliant ac ymlacio yn ystod fy ngwyliau.

Os nad ydych chi wedi bod i Sbaen neu i wlad Sbaeneg ei hiaith, gallwch chi naill ai ddychmygu ymweliad fel bod gennych chi rywbeth i siarad amdano neu ddisgrifio lle hoffech chi fynd! Cofiwch gyfiawnhau eich barn a rhoi rhesymau. Mae llawer o eirfa yr un fath â'r eirfa byddwch chi ei hangen ar gyfer **ardaloedd lleol o ddiddordeb**, ond eu bod nhw mewn cyd-destun gwahanol.

GRAMADEG

Arddodiaid
Dyma rai arddodiaid allweddol wrth sôn am leoliad:

- delante de – o flaen
- detrás de – y tu ôl i
- enfrente de – gyferbyn â
- a la derecha de – i'r dde i
- a la izquierda de – i'r chwith i
- al lado de – wrth ymyl
- al final de – ar ddiwedd
- lejos (de) – yn bell (o)
- cerca (de) – yn agos (i)

Cofiwch ddefnyddio **estar** gyda phob un o'r rhain – e.e. el museo **está** al lado del cine (mae'r amgueddfa wrth ymyl y sinema), la oficina **está** al final de la calle (mae'r swyddfa ar ddiwedd y stryd).

TASG ARHOLIAD

Cyfieithwch y paragraff canlynol i'r Gymraeg:
El castillo es un destino turístico muy popular y se encuentra en el centro de la ciudad a la derecha del parque. Está abierto todos los días desde las diez y la entrada es gratuita los domingos y días festivos. Fui al monumento ayer y fue muy educativo. Para mí es muy importante descubrir la cultura y la historia de una región. Mañana me gustaría visitar el museo.

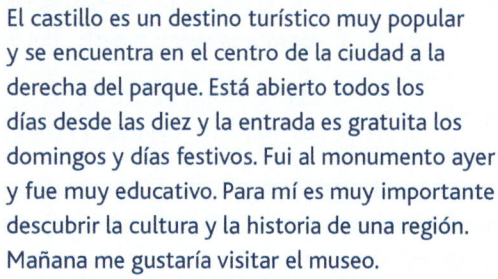

Gwnewch yn siŵr bod eich Cymraeg yn gwneud synnwyr. Cofiwch y gallai trefn y geiriau fod yn wahanol yn Sbaeneg.

NODWEDDION LLEOL A RHANBARTHOL SBAEN A GWLEDYDD SBAENEG EU HIAITH

YMADRODDION DEFNYDDIOL

Para mí es muy importante descubrir la cultura y la historia de un destino turístico.	I mi, mae'n bwysig iawn darganfod diwylliant a hanes cyrchfan i dwristiaid.
Si tenemos la oportunidad de viajar a países diferentes, aprenderemos sobre otras maneras de vivir.	Os ydyn ni'n cael y cyfle i deithio i wahanol wledydd, byddwn ni'n dysgu am ffyrdd gwahanol o fyw.
Creo que viajar al extranjero puede ayudar a eliminar el racismo y los prejuicios.	Rwy'n meddwl y gall teithio dramor helpu i gael gwared ar hiliaeth a rhagfarnau.
A mi modo de ver, lo más importante es intentar expresarse en el idioma del país.	Hyd y gwelaf i, y peth pwysicaf yw ceisio mynegi eich hun yn iaith y wlad.
España es muy conocida por la música y el baile, las corridas de toros, las playas fantásticas y, por supuesto, el sol.	Mae Sbaen yn adnabyddus iawn am gerddoriaeth a dawnsio, ymladd teirw, traethau gwych ac, wrth gwrs, yr haul.
España es uno de los centros culturales de Europa y tiene mucho que ofrecer.	Sbaen yw un o ganolfannau diwylliannol Ewrop ac mae ganddi lawer i'w gynnig.
La Sagrada Familia de Barcelona es el monumento más conocido y característico de la ciudad.	Y Sagrada Familia yn Barcelona yw'r cofadail enwocaf a mwyaf nodweddiadol yn y ddinas.
Desde un punto de vista cultural, los países sudamericanos me fascinan.	O safbwynt diwylliannol, mae gwledydd De America yn fy nghyfareddu.
Si tuviera la oportunidad, me encantaría visitar América del Sur.	Pe bawn i'n cael y cyfle, byddwn i'n caru ymweld â De America.
Machu Picchu es uno de los sitios arqueológicos más interesantes del planeta.	Machu Picchu yw un o'r safleoedd archeolegol mwyaf diddorol ar y blaned.
Es una ciudad histórica con una riqueza cultural muy grande y sería una experiencia inolvidable viajar allí.	Mae'n ddinas hanesyddol â diwylliant cyfoethog iawn a byddai'n brofiad bythgofiadwy teithio yno.
Los parques temáticos son unos de los destinos favoritos en la temporada estival.	Y parciau thema yw un o'r hoff gyrchfannau yn nhymor yr haf.
La ciudad ofrece numerosas actividades culturales y gastronómicas.	Mae'r ddinas yn cynnig nifer o weithgareddau diwylliannol a phrofiadau bwyta.
Me gustaría tener la oportunidad de disfrutar de la amplia oferta cultural de la ciudad.	Hoffwn i gael y cyfle i fwynhau holl bethau diwylliannol y ddinas.

Y BYD EHANGACH | 63

Es un país con una gran historia y es uno de los principales destinos turísticos del mundo.

Se pueden visitar muchos edificios antiguos que representan la historia y la tradición del país.

Mae'n wlad sydd â hanes arbennig ac mae'n un o'r prif gyrchfannau i dwristiaid yn y byd.

Gallwch chi ymweld â llawer o hen adeiladau sy'n cynrychioli hanes a thraddodiad y wlad.

GRAMADEG

Hacer

Yn Sbaeneg, rydych chi'n defnyddio'r ferf **hacer** gyda'r rhan fwyaf o ymadroddion am y tywydd:

hace buen/mal tiempo – mae'r tywydd yn braf/yn wael

hace calor/frío/sol/viento – mae hi'n boeth/yn oer/yn heulog/yn wyntog

Os ydych chi eisiau disgrifio sut roedd y tywydd yn ystod eich gwyliau, bydd angen i chi ddefnyddio'r amser amherffaith – **hacía** calor, etc.

Dyma rai ymadroddion eraill am y tywydd:

llueve – mae hi'n bwrw glaw
llovía – roedd hi'n bwrw glaw
nieva – mae hi'n bwrw eira
nevaba – roedd hi'n bwrw eira
está despejado/nublado – mae hi'n glir/yn gymylog
estaba despejado/nublado – roedd hi'n glir/yn gymylog
hay niebla/tormenta – mae niwl/storm
había niebla/tormenta – roedd niwl/storm

Weithiau, byddwch chi'n gweld ymadroddion am y tywydd yn yr amser gorffennol hefyd sy'n disgrifio'r tywydd ar adeg penodol. Y berfau allweddol ar gyfer hyn yw hizo, llovió, nevó, estuvo a hubo.

TASG ARHOLIAD

Dyma rai enghreifftiau o sbardunau chwarae rôl ar y pwnc hwn. Cofiwch nad oes angen i chi roi gwybodaeth ffeithiol. Mae'n iawn i chi ffugio atebion.

- Dywedwch sut mae'r tywydd.
- Dywedwch beth rydych chi'n ei wneud ar wyliau fel arfer.
- Gofynnwch gwestiwn i'ch ffrind am atyniad i dwristiaid.
- Gofynnwch beth mae eich ffrind yn hoffi ei wneud ar wyliau.
- Dywedwch lle aethoch chi y llynedd.
- Dywedwch â pha atyniad i dwristiaid byddwch chi'n ymweld y flwyddyn nesaf.

Does dim angen i chi roi manylion ychwanegol. Ar gyfer y pwynt bwled cyntaf, gallech chi ddweud rhywbeth mor syml â **hace calor** i gael marciau llawn.

GWYLIAU A THWRISTIAETH

¿Qué haces normalmente durante las vacaciones?
Beth rwyt ti'n ei wneud fel arfer yn ystod y gwyliau?

Normalmente voy de vacaciones con mis padres y nos quedamos en un camping. Hacemos muchas cosas divertidas y visitamos muchos sitios de interés. Suelo pasarlo bastante bien pero este verano iré a Francia con mis amigos.
Fel arfer rwy'n mynd ar wyliau gyda fy rhieni ac rydyn ni'n aros mewn maes gwersylla. Rydyn ni'n gwneud llawer o bethau hwyliog ac yn ymweld â llawer o leoedd o ddiddordeb. Rwy'n cael amser da fel arfer ond yr haf hwn byddaf i'n mynd i Ffrainc gyda fy ffrindiau.

¿Cuáles son los aspectos negativos del turismo?
Pa rai yw agweddau negyddol twristiaeth?

Pues, el desarrollo turístico trae consigo varios problemas. Algunos turistas se comportan mal y no respetan las costumbres de los que viven en la zona. La construcción de hoteles y complejos turísticas destruye el entorno natural y aumenta el coste de la vivienda para los habitantes locales.
Wel, mae datblygu twristiaeth yn dod â nifer o broblemau. Mae rhai twristiaid yn ymddwyn yn wael a dydyn nhw ddim yn parchu arferion y rhai sy'n byw yn yr ardal. Mae adeiladu gwestai a chanolfannau twristiaid yn dinistrio'r byd naturiol ac yn codi prisiau tai i'r trigolion lleol.

¿Qué tipo de vacaciones prefieres? ¿Por qué?
Pa fath o wyliau sy'n well gen ti? Pam?

Prefiero la playa porque me gusta la natación y todos los deportes acuáticos. Es importante para mí hacer nuevas cosas durante las vacaciones; por ejemplo, el año pasado aprendí a hacer windsurf.
Mae'n well gen i'r traeth gan fy mod i'n hoffi nofio ac rwy'n hoffi chwaraeon dŵr o bob math. Mae'n bwysig i mi wneud pethau newydd ar wyliau; er enghraifft, y llynedd fe ddysgais i i hwylfyrddio.

¿Qué hiciste el verano pasado?
Beth wnest ti yr haf diwethaf?

El verano pasado hice muchas cosas. Primero fui a la costa con mis padres, mi hermana y mis abuelos. Estuvimos allí un mes entero y me lo pasé muy bien bañándome en el mar y haciendo pequeñas excursiones. Unos amigos míos estaban también de vacaciones allí y fuimos con ellos a un restaurante.
Yr haf diwethaf fe wnes i lawer o bethau. I ddechrau, es i i lan y môr gyda fy rhieni, fy chwaer a mam-gu a tad-cu/nain a taid. Roedden ni yno am fis cyfan a ches i amser da iawn yn nofio yn y môr ac yn mynd ar dripiau bach. Roedd rhai o'm ffrindiau ar wyliau yno hefyd ac aethon ni i fwyty gyda nhw.

Y BYD EHANGACH | **65**

¿Cómo serían tus vacaciones de sueño?
Beth fyddai dy wyliau delfrydol?

Si tuviera muchísimo dinero, iría a una isla tropical con toda mi familia. Viajaríamos en primera clase, por supuesto. Haría sol todos los días y las playas serían increíbles con arena blanca y mar turquesa. Nos quedaríamos en un hotel de cinco estrellas que tendría una piscina enorme.

Pe bai gen i lawer o arian, byddwn i'n mynd i ynys drofannol gyda fy nheulu. Bydden ni'n teithio yn y dosbarth cyntaf, wrth gwrs. Byddai hi'n heulog bob dydd a byddai'r traethau yn anhygoel gyda thywod gwyn a môr gwyrddlas. Bydden ni'n aros mewn gwesty pum seren a byddai pwll nofio anferth ganddo.

Dylech chi deimlo'n hyderus yn defnyddio'r amser gorffennol, y presennol a'r dyfodol wrth siarad ac ysgrifennu Sbaeneg.

Gallwch chi hefyd ychwanegu amrywiaeth o amserau ac ymadroddion eraill i ymestyn eich atebion. Er enghraifft:

- Yr amser presennol i sôn am weithgareddau rydych chi'n eu gwneud yn rheolaidd – e.e. voy a la playa.
- Yr amser presennol parhaol i ddweud beth rydych chi'n ei wneud wrth i chi siarad – e.e. estoy leyendo un libro.
- Yr amser gorffennol i sôn am rywbeth a wnaethoch chi – e.e. fui a la discoteca.
- Yr amser amherffaith am bethau oedd yn arfer digwydd yn rheolaidd yn y gorffennol – e.e. hacía sol.
- Yr amser perffaith i ddweud beth rydych chi wedi'i wneud – e.e. he visitado el castillo.
- Yr amser gorberffaith i ddweud beth roeddech chi wedi'i wneud – e.e. había hecho muchas actividades.
- Y dyfodol agos i ddweud beth rydych chi'n mynd i'w wneud – e.e. voy a ir de vacaciones.
- Yr amser dyfodol i ddweud beth byddwch chi'n ei wneud – e.e. viajaré al extranjero.
- Yr amser amodol i ddweud beth byddech chi'n ei wneud – e.e. me quedaría en un hotel de lujo.

Does dim rhaid i chi ddefnyddio'r amserau hyn i gyd yn eich atebion, ond mae angen i chi allu eu hadnabod oherwydd byddan nhw'n ymddangos yn eich arholiadau gwrando a darllen. Bydd angen i chi gyfeirio at ddigwyddiadau yn y gorffennol, y presennol a'r dyfodol yn eich arholiadau siarad ac ysgrifennu.

TASG ARHOLIAD

Lee lo que dicen estos jóvenes sobre sus vacaciones ideales. Escribe la letra correcta para cada persona.

Rita: Mis vacaciones ideales **serían** en un hotel de cinco estrellas.

Miguel: Me gustaría descubrir otras culturas y tradiciones.

Xavi: Odio las actividades físicas, **preferiría** broncearme en la playa todos los días.

Marina: Me encantaría estar en plena naturaleza y dormir al aire libre.

a. prefiere hacer camping
b. quiere comprar recuerdos
c. prefiere el alojamiento de lujo
ch. le encanta visitar los sitios de interés
d. nada cada día
dd. siempre toma el sol

Byddwch yn ofalus – mae dau ateb ychwanegol yma i'ch twyllo! Mae'r pedwar person ifanc hyn yn siarad am eu gwyliau delfrydol, felly maen nhw i gyd yn defnyddio'r amser amodol (mae'r berfau wedi'u hamlygu mewn print trwm i chi).

GWYLIAU A THWRISTIAETH

YMADRODDION DEFNYDDIOL

Se dice que las vacaciones son fundamentales para mantener una buena salud física y mental.	Maen nhw'n dweud bod gwyliau yn hanfodol ar gyfer cynnal iechyd meddwl a chorfforol da.
En general prefiero las vacaciones activas porque soy una persona deportista.	Yn gyffredinol, mae'n well gen i wyliau gweithgar achos rwy'n berson sy'n hoff o chwaraeon.
Creo que las vacaciones de sol y playa son una pérdida de tiempo.	Rwy'n meddwl bod gwyliau traeth yn wastraff amser.
Pasé una semana visitando todas las atracciones turísticas y el año que viene me gustaría volver al mismo sitio.	Treuliais i wythnos yn ymweld â'r holl atyniadau i dwristiaid a'r flwyddyn nesaf hoffwn i fynd yn ôl i'r un lle.
No es esencial que las vacaciones sean largas y costosas.	Nid yw'n hanfodol bod gwyliau yn hir ac yn ddrud.
Para conseguir mis vacaciones ideales, necesitaría mucho dinero.	Er mwyn cael fy ngwyliau delfrydol, byddai angen llawer o arian arna i.
No me gusta quedarme en alojamientos de baja calidad, pero la verdad es que no tengo mucho dinero.	Dydw i ddim yn hoffi aros mewn llety o safon isel, ond y gwir yw nad oes gen i lawer o arian.
Preferiría conocer países menos desarrollados y saber en que situación se encuentran.	Byddai'n well gen i ddod i adnabod gwledydd llai datblygedig a darganfod beth yw eu sefyllfa nhw.
Las vacaciones ayudan a reducir estrés y salir de la rutina.	Mae gwyliau yn helpu i leihau straen ac maen nhw'n seibiant o'r drefn arferol.
Para mí, las vacaciones me ayudan a acercarme a mi familia porque siempre regresamos felices.	I mi, mae gwyliau yn fy helpu i ddod yn agosach at fy nheulu oherwydd rydyn ni bob amser yn dod yn ôl yn hapus.
Es evidente que el turismo es una importante fuente de ingresos para el país.	Mae'n amlwg bod twristiaeth yn ffynhonnell bwysig o incwm i'r wlad.
Muchos viajeros extranjeros se comportan mal durante sus vacaciones.	Mae llawer o deithwyr tramor yn ymddwyn yn wael yn ystod eu gwyliau.
España es una de los principales destinos turísticos de Europa.	Sbaen yw un o'r prif gyrchfannau i dwristiaid yn Ewrop.
Se han construido más carreteras, hoteles y aeropuertos.	Maen nhw wedi adeiladu mwy o ffyrdd, gwestai a meysydd awyr.
A pesar de las ventajas, el turismo tiene muchas desventajas.	Er gwaetha'r manteision, mae gan dwristiaeth lawer o anfanteision.

A mi modo de ver, el turismo está destruyendo la cultura y las tradiciones.

Por otro lado, el turismo tiene un efecto positivo en la economía del país y crea muchos empleos.

El turismo en algunos lugares tiene una reputación muy negativa, debido a la falta de respeto de los turistas.

Hyd y gwelaf i, mae twristiaeth yn dinistrio diwylliant a thraddodiadau.

Ar y llaw arall, mae twristiaeth yn cael effaith gadarnhaol ar economi gwlad ac mae'n creu llawer o swyddi.

Mewn rhai lleoedd mae gan dwristiaeth enw drwg iawn oherwydd diffyg parch twristiaid.

GRAMADEG

Cwblhewch y paragraff canlynol gan ddefnyddio'r ferf gywir yn yr amser presennol, y gorffennol neu'r dyfodol.

Normalmente _____ de vacaciones con mis padres y _____ en un camping. Lo _____ bastante bien, pero este verano _____ a Francia con mis amigos. _____ en barco y _____ en un albergue. El año pasado _____ a Alemania con mi colegio. _____ muchas cosas divertidas y _____ muchos sitios de interés. En general _____ las vacaciones activas porque _____ una persona deportista.

nos quedaremos
nos quedamos
prefiero
paso
fui
viajaremos

soy
hicimos
iré
visitamos
voy

TASG ARHOLIAD

Ysgrifennwch frawddeg lawn yn Sbaeneg ar gyfer pob un o'r penawdau:

- trafnidiaeth
- llety
- y tywydd
- prydau o fwyd
- gweithgareddau
- eich barn

Gwnewch yn siŵr bod eich brawddeg yn gyflawn ac yn cynnwys berf addas – e.e. ar gyfer y pwynt bwled cyntaf dylech chi ddweud **voy en avión**, nid **en avión** yn unig.

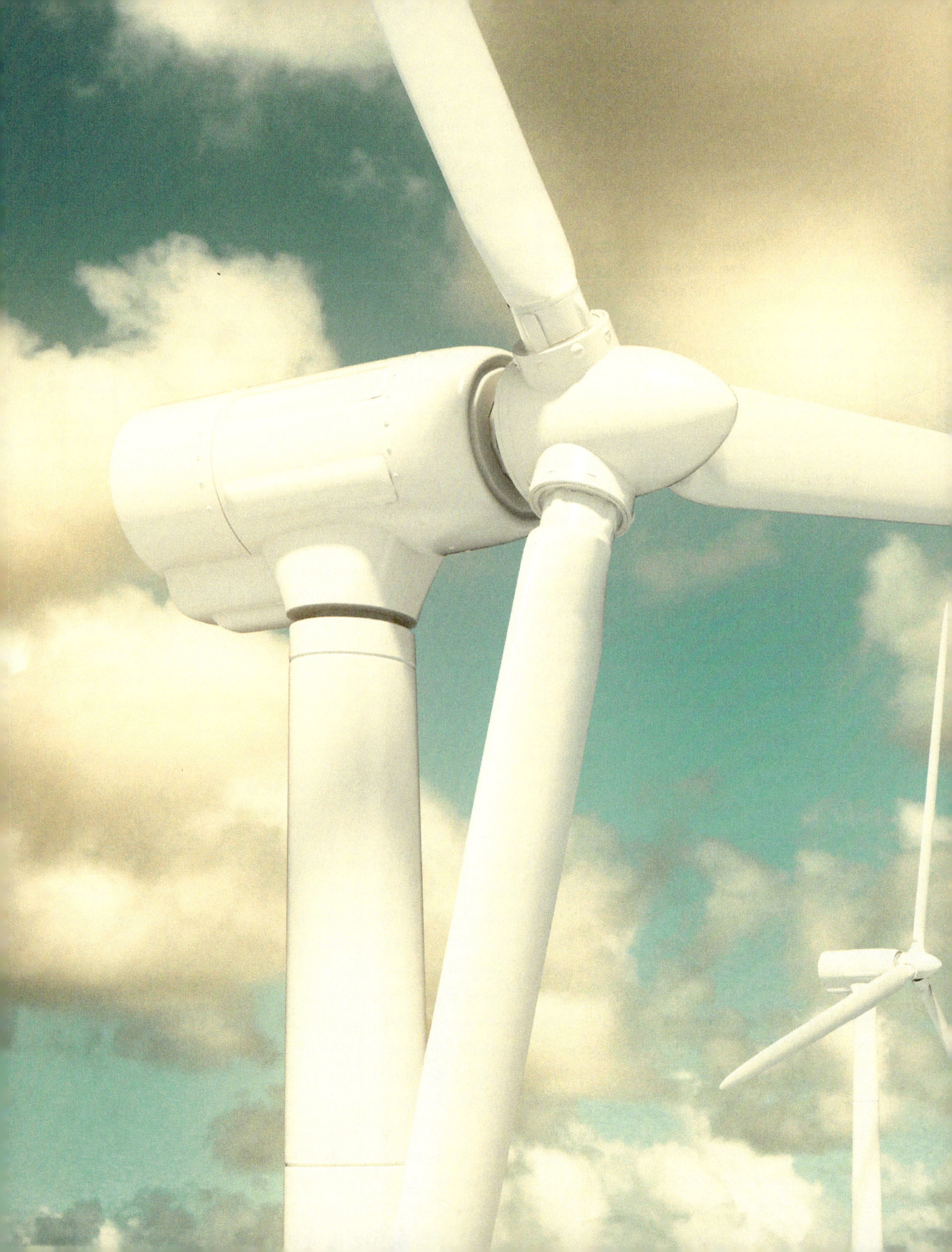

CYMRU A'R BYD – MEYSYDD O DDIDDORDEB

CYNALIADWYEDD BYD-EANG

Mae is-thema **Cynaliadwyedd Byd-eang** yn cael ei rhannu yn ddwy ran. Dyma rai awgrymiadau am bynciau i'w hadolygu:

YR AMGYLCHEDD
- materion amgylcheddol
- ailgylchu
- newid hinsawdd
- sychder a llifogydd
- llygredd
- mathau o egni
- grwpiau amgylcheddol

MATERION CYMDEITHASOL
- digwyddiadau elusennol
- codi arian
- problemau byd-eang – e.e. tlodi, newyn, iechyd, digartrefedd
- gwirfoddoli

CYNGOR

Ar yr olwg gyntaf, gallai tasg ar yr amgylchedd neu faterion cymdeithasol ymddangos yn fwy anodd na rhai o'r is-themâu eraill. Bydd angen i chi ddysgu geirfa pwnc-benodol, ond mae'r disgwyliadau yr un peth â disgwyliadau'r is-themâu eraill i gyd. Mae angen i chi fynegi barn a chyfeirio at ddigwyddiadau yn y gorffennol, y presennol a'r dyfodol. Ceisiwch ysgrifennu brawddegau estynedig gan ddefnyddio cysylltteiriau. Gallwch chi gyfuno mwy nag un amser mewn brawddeg a gallwch chi amrywio'r eirfa y byddwch chi'n ei defnyddio i fynegi barn. Adolygwch sut gallech chi wneud y canlynol:

- mynegi pa broblemau cymdeithasol neu amgylcheddol sy'n eich poeni a pham
- trafod elusen rydych chi'n ei chefnogi a beth mae'n ei wneud
- siarad am rywbeth yn y gorffennol – e.e. digwyddiad elusennol y buoch chi ynddo
- dweud beth rydych chi'n ei wneud ar hyn o bryd i gefnogi elusennau neu i helpu'r amgylchedd
- siarad am ddigwyddiad yn y dyfodol – e.e. sêl gacennau byddwch chi'n ei threfnu, digwyddiad codi arian byddwch chi'n ei fynychu, eich cynlluniau i wirfoddoli, sut byddwch chi'n mynd yn fwy eco-gyfeillgar, etc.
- dweud sut gall pobl ifanc helpu neu beth dylai pobl ei wneud i helpu

YR AMGYLCHEDD

¿Crees que es importante reciclar? ¿Por qué (no)?
Wyt ti'n meddwl bod ailgylchu yn bwysig? Pam (ddim)?

Claro que sí, es importantísimo reciclar para proteger el futuro de nuestro planeta. Sobre todo, es necesario separar la basura y reciclar lo más posible para conservar los recursos naturales.
Wrth gwrs, mae ailgylchu yn bwysig iawn i ddiogelu dyfodol ein planed. Yn fwy na dim, mae angen gwahanu sbwriel ac ailgylchu cymaint â phosibl i arbed adnoddau naturiol.

Describe la última cosa que hiciste para ayudar al medioambiente.
Disgrifia'r peth diwethaf a wnest ti i helpu'r amgylchedd.

Esta mañana me duché en vez de bañarme para ahorrar dinero y no malgastar el agua. También comí productos locales en el desayuno.
Y bore yma, ces i gawod yn lle bath er mwyn cynilo arian a pheidio â gwastraffu dŵr. Hefyd fe fwytais i gynnyrch lleol i frecwast.

¿Te consideras una persona ecologista? ¿Por qué (no)?
Wyt ti'n dy ystyried dy hun yn eco-gyfeillgar? Pam (ddim)?

Hago todo lo que puedo, pero no soy perfecto/a. Es bastante difícil renunciar a los productos no biodegradables, pero intento utilizar más productos naturales y menos productos químicos.
Rwy'n gwneud popeth a allaf, ond dydw i ddim yn berffaith. Mae'n eithaf anodd rhoi'r gorau i nwyddau bioddiraddadwy, ond rwy'n ceisio defnyddio nwyddau mwy naturiol a llai o gynhyrchion cemegol.

¿Piensas que todos somos responsables del cuidado del medio ambiente? ¿Por qué (no)?
Wyt ti'n meddwl ein bod ni i gyd yn gyfrifol am ofalu am yr amgylchedd? Pam (ddim)?

Pienso que el gobierno debería hacer más para educar y formar a la gente, pero la verdad es que tenemos que modificar muchos aspectos de nuestro comportamiento para proteger el medio ambiente. Todos debemos cuidar de nuestro alrededor y contribuir a un planeta sostenible.
Rwy'n credu y dylai'r llywodraeth wneud mwy i addysgu a hyfforddi pobl, ond y gwir yw bod yn rhaid i ni newid sawl agwedd ar ein hymddygiad er mwyn diogelu'r amgylchedd. Mae'n rhaid i ni ofalu am ein hamgylchedd a chyfrannu at blaned gynaliadwy.

CYNALIADWYEDD BYD-EANG | 71

¿Qué se debería hacer para proteger el medioambiente?
Beth dylen ni ei wneud i ddiogelu'r amgylchedd?

Hay muchas cosas que se deberían hacer, pero en mi opinión lo más importante es consumir energía de manera responsable. En casa, deberiamos bajar la temperatura de la calefacción central y apagar las luces para ahorrar la electricidad.
Mae llawer o bethau y dylen ni eu gwneud, ond yn fy marn i y peth pwysicaf yw defnyddio egni yn gyfrifol. Gartref, dylen ni droi'r gwres canolog i lawr a diffodd goleuadau i arbed trydan.

Mae'r rhain yn ferfau defnyddiol ar gyfer siarad am yr amgylchedd.

Allwch chi eu cyfieithu i'r Gymraeg? Allwch chi ysgrifennu brawddeg gan ddefnyddio pob un? Amrywiwch eich amserau lle gallwch chi.

- ayudar
- proteger
- respetar
- salvar
- mejorar
- reciclar
- contaminar
- limpiar
- destrozar
- dañar

Parwch yr enw â phob gosodiad.

Ismael: A mi modo de ver, muchas personas no consumen energía de manera responsable.

Lena: Considero que es imprescindible[1] construir casas y colegios ecológicos.

Oli: Mi opinión personal es que el gobierno debería hacer más para promover[2] las energías renovables.

Zaca: Es ridículo que la gente prefiera quedarse sentada en un atasco[3] que ir a pie.

Iván: Me parece triste que haya tanta contaminación en las grandes ciudades.

Antonio: Hay que animar a la gente a apagar[4] las luces y no dejar los equipos en modo de espera.

1. hanfodol   2. hyrwyddo   3. tagfa draffig   4. diffodd

Pwy …
1. sy'n pryderu am lygredd?
2. sy'n meddwl y dylai pobl arbed trydan?
3. sy'n meddwl ein bod ni angen mwy o adeiladau amgylcheddol-gyfeillgar?
4. sydd eisiau i'r llywodraeth wneud mwy?
5. sy'n meddwl bod pobl yn gwastraffu egni?
6. sy'n meddwl y dylai pobl ddefnyddio eu ceir yn llai aml?

GRAMADEG
Deber
Yn y pwnc hwn, gallai cwestiynau cyffredin ofyn i chi am atebion i broblemau neu am bethau y dylen ni eu gwneud i helpu'r amgylchedd. Mae angen i chi ddefnyddio'r ferf deber yn yr amser amodol i fynegi hyn – e.e. **deberíamos** tomar medidas urgentes (dylen ni gymryd camau ar frys).

Mae'r gosodiadau hyn i gyd yn enghreifftiau gwych o sut i fynegi barn gymhleth am y pwnc hwn.
Mae'n bwysig meddwl am ffyrdd gwahanol o fynegi eich barn yn hytrach na dim ond dweud pa mor aml rydych chi'n ailgylchu! Mae'r is-thema hon yn rhoi cyfle i chi dynnu sylw at eich sgiliau ieithyddol – os oes gennych chi safbwyntiau cryf, yna dysgwch sut i'w mynegi! Dyma ragor o ymadroddion da:

Tengo que decir/reconocer/admitir que … – Mae'n rhaid i mi ddweud/cydnabod/cyfaddef bod …
Es innegable que … – Mae'n berffaith wir bod …

Os nad ydych chi'n gwbl siŵr o'ch barn am bwnc, gallech chi ddweud:

Supongo/imagino que … – Rwy'n tybio/dychmygu bod …
Es difícil dar una opinión, pero … – Mae'n anodd rhoi barn, ond …
Es un tema muy complejo, pero … – Mae'n bwnc cymhleth iawn, ond …

YR AMGYLCHEDD

YMADRODDION DEFNYDDIOL

Pienso que deberíamos ser más conscientes de los problemas medioambientales.	Rwy'n meddwl y dylen ni fod yn fwy ymwybodol o broblemau amgylcheddol.
Me preocupan mucho las especies en peligro de extinción.	Rwy'n bryderus iawn am rywogaethau sydd mewn perygl.
Todos tenemos que poner nuestro granito de arena.	Mae'n rhaid i ni i gyd wneud ein rhan.
Llevo mis propias bolsas siempre conmigo y rechazo las bolsas de plástico.	Rydw i bob amser yn mynd â'm bagiau fy hun gyda fi ac yn gwrthod bagiau plastig.
Cuando era pequeño/a no reciclaba mucho pero ahora siempre lo hago.	Pan oeddwn i'n iau, doeddwn i ddim yn ailgylchu llawer ond nawr rwy'n gwneud bob amser.
La lucha contra el cambio climático es la responsabilidad de todo el mundo.	Mae'r frwydr yn erbyn newid hinsawdd yn gyfrifoldeb i bawb.
El calentamiento global es causado por la acción humana.	Mae cynhesu byd-eang yn cael ei achosi gan weithredoedd dynol.
Si apagáramos la calefacción central, ahorraríamos mucha energía.	Pe baen ni'n diffodd y gwres, bydden ni'n arbed llawer o egni.
Hay muchas cosas que podemos hacer si queremos ser ecológicos.	Mae llawer o bethau y gallwn ni eu gwneud os ydyn ni eisiau bod yn amgylcheddol-gyfeillgar.
Tenemos que ser conscientes que el agua es un recurso que se agota.	Mae'n rhaid i ni fod yn ymwybodol bod dŵr yn adnodd sydd yn dod i ben.
Todos sabemos la importancia que tiene reciclar para nuestro planeta.	Rydyn ni i gyd yn gwybod am bwysigrwydd ailgylchu er lles ein planed.
Hay demasiado tráfico y siempre hay basura en el suelo.	Mae gormod o draffig ac mae bob amser sbwriel ar y llawr.
Hace diez años había menos contaminación del aire y las calles estaban limpias.	Ddeng mlynedd yn ôl roedd llai o lygredd aer ac roedd y strydoedd yn lân.
Si no cuidamos el planeta, tendremos más desastres ecológicos en el futuro.	Os nad ydyn ni'n gofalu am y blaned, byddwn ni'n cael mwy o drychinebau ecolegol yn y dyfodol.
La mayor parte de la contaminación en el planeta se debe a las industrias.	Mae'r rhan fwyaf o lygredd y blaned yn digwydd oherwydd diwydiannau.
Pienso que las centrales nucleares representan un riesgo para todos.	Rwy'n credu bod gorsafoedd pŵer niwclear yn creu risg i bawb.

Si todos trabajamos juntos, podremos hacer un cambio.	Os ydyn ni i gyd yn gweithio gyda'n gilydd, byddwn ni'n gallu gwneud gwahaniaeth.
La solución es encontrar una fuente alternativa de energía.	Yr ateb yw dod o hyd i ffynhonnell egni amgen.
Tengo la intención de comprar más productos orgánicos y productos de comercio justo.	Rwy'n bwriadu prynu mwy o nwyddau organig a masnach deg.

Ysgrifennwch frawddeg am broblem amgylcheddol gan ddefnyddio pob un o'r ansoddeiriau canlynol.

Cofiwch wneud i'r ansoddeiriau gytuno â'r enw maen nhw'n ei ddisgrifio.

- mundial – byd-eang
- peligroso – peryglus
- dañino – niweidiol
- grave – difrifol
- preocupante – pryderus

Escribe un blog sobre la importancia de cuidar el medioambiente. Puedes dar más información, pero tienes que incluir:

- lo que haces para ayudar al medioambiente
- la importancia de salvar el planeta
- lo que vas a hacer en casa para ahorrar energía

Ceisiwch ysgrifennu tua 100 gair. Ceisiwch gadw o fewn y terfyn hwn. Nid oes marciau ychwanegol am ysgrifennu mwy na hyn! Mae'r ail bwynt bwled yn gofyn am eich safbwyntiau – ceisiwch eu cyfiawnhau cymaint â phosibl. Bydd angen i chi ddefnyddio'r amser dyfodol ar gyfer y trydydd pwynt bwled.

MATERION CYMDEITHASOL

¿Cuál es el problema social que te preocupa más?
Pa broblem gymdeithasol sy'n dy boeni di fwyaf?

> Lo que me preocupa es el problema mundial del desempleo porque la crisis económica ha afectado a tantas personas. Creo que los gobiernos de los países ricos deberían mejorar la situación y crear más puestos de trabajo.
> Yn fy marn i, y broblem fwyaf yn y byd yw diweithdra gan fod yr argyfwng economaidd wedi effeithio ar gynifer o bobl. Rwy'n meddwl y dylai llywodraethau gwledydd cyfoethog wella'r sefyllfa a chreu mwy o swyddi.

¿Qué se puede hacer para resolver los problemas de la pobreza?
Beth gallwn ni ei wneud i ddatrys problemau tlodi?

> Me parece que las donaciones a las organizaciones locales o internacionales son sumamente importantes. Aparte de dinero, también se podrían donar alimentos, ropa, muebles, juguetes y libros viejos a los albergues locales.
> Rwy'n meddwl bod rhoi arian i sefydliadau lleol neu ryngwladol yn hynod o bwysig. Ar wahân i arian, gallwch chi hefyd gyfrannu bwyd, dillad, dodrefn, teganau a hen lyfrau i hosteli lleol.

¿Crees que el gobierno debería ayudar a las personas sin hogar? ¿Por qué (no)?
Wyt ti'n meddwl y dylai'r llywodraeth helpu'r digartref? Pam (ddim)?

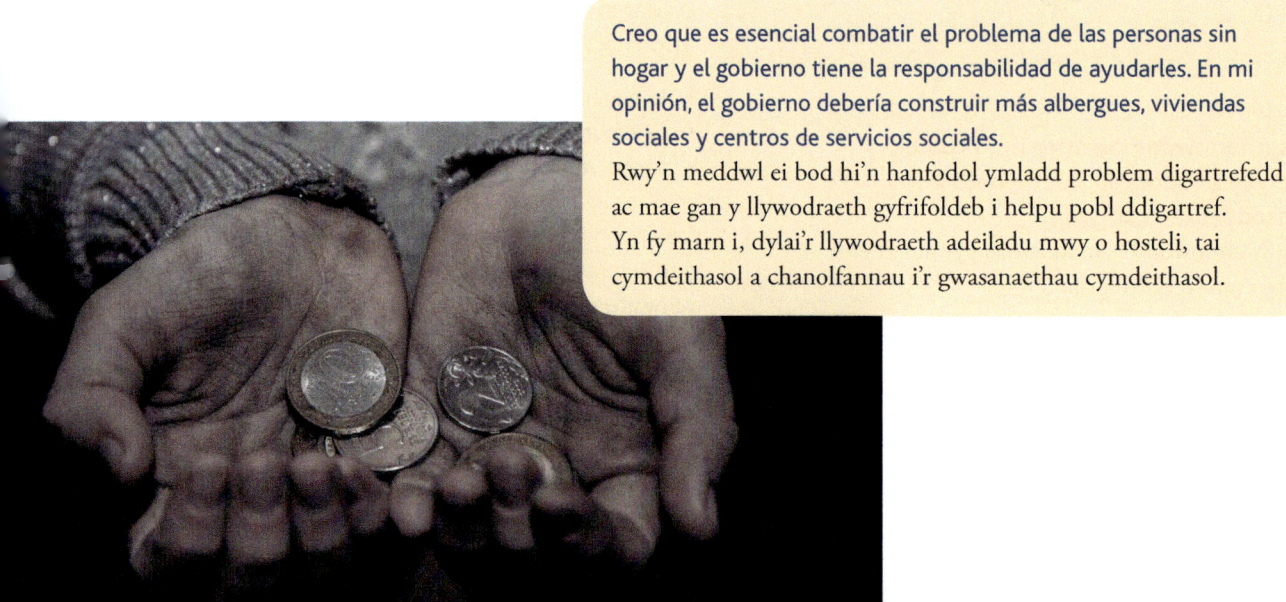

> Creo que es esencial combatir el problema de las personas sin hogar y el gobierno tiene la responsabilidad de ayudarles. En mi opinión, el gobierno debería construir más albergues, viviendas sociales y centros de servicios sociales.
> Rwy'n meddwl ei bod hi'n hanfodol ymladd problem digartrefedd ac mae gan y llywodraeth gyfrifoldeb i helpu pobl ddigartref.
> Yn fy marn i, dylai'r llywodraeth adeiladu mwy o hosteli, tai cymdeithasol a chanolfannau i'r gwasanaethau cymdeithasol.

Describe una cosa que hiciste recientemente para ayudar a los demás.
Disgrifia un peth rwyt ti wedi'i wneud yn ddiweddar i helpu pobl eraill.

> Ayudé a recaudar fondos en el colegio y mis amigos y yo organizamos una venta de pasteles. Recaudamos más de cien libras y donamos el dinero a una organización benéfica local.
> Helpais i i godi arian yn yr ysgol a threfnodd fy ffrindiau a fi sêl gacennau. Codon ni dros gant punt ac fe roeson ni'r arian i elusen leol.

¿Qué te gustaría hacer para ayudar a los demás?
Beth hoffet ti ei wneud i helpu pobl eraill?

> Después de mis exámenes me gustaría trabajar como voluntario/a porque creo que es importante ayudar a mi comunidad local. Trabajar de voluntario/a es crucial para marcar una diferencia real y creo que sería una experiencia gratificante.
> Ar ôl fy arholiadau, hoffwn i weithio fel gwirfoddolwr oherwydd rwy'n meddwl ei bod yn bwysig helpu fy nghymuned leol. Mae gweithio fel gwirfoddolwr yn hollbwysig i wneud gwahaniaeth go iawn ac rwy'n meddwl y byddai'n brofiad gwerth chweil.

TASG ARHOLIAD

Atebwch y cwestiynau yn Gymraeg.
Promovemos y defendemos los derechos de los niños en más de 190 países desde hace más de 68 años. La mayor parte de nuestros fondos provienen de contribuciones de ciudadanos y del sector privado.

Las primeras horas después de una emergencia son fundamentales para salvar vidas y garantizar la protección de los niños. Con tu contribución a nuestro fondo de emergencias, podemos enviar recursos de forma inmediata ante cualquier emergencia o crisis humanitaria. Dona ahora en línea o haz tu donación por transferencia bancaria. Ayúdanos a ayudarles.

1. Beth mae'r elusen yn ei wneud?
2. O ble mae'r rhan fwyaf o'u harian yn dod?
3. Beth mae'r testun yn ei ddweud am yr oriau cyntaf ar ôl argyfwng?
4. Beth bydd yr elusen yn gallu ei wneud gyda'ch rhodd chi?
5. Sut gallwch chi roi arian?

Darllenwch y testun unwaith, yna darllenwch y cwestiynau, yna darllenwch y testun eto. Defnyddiwch eiriau cytras (geiriau sy'n debyg i'r rhai Saesneg/Cymraeg) neu eiriau cytras agos i'ch helpu i weithio allan ystyr rhai geiriau.

Sut i siarad am faterion cymdeithasol:

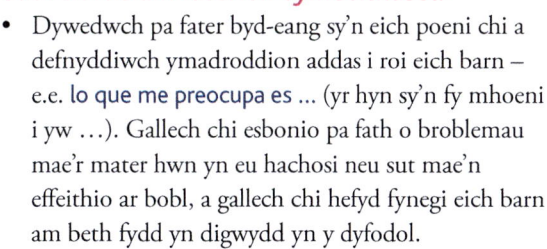

- Dywedwch pa fater byd-eang sy'n eich poeni chi a defnyddiwch ymadroddion addas i roi eich barn – e.e. **lo que me preocupa es …** (yr hyn sy'n fy mhoeni i yw …). Gallech chi esbonio pa fath o broblemau mae'r mater hwn yn eu hachosi neu sut mae'n effeithio ar bobl, a gallech chi hefyd fynegi eich barn am beth fydd yn digwydd yn y dyfodol.
- Rhaid i chi roi nifer o resymau pam mae helpu pobl eraill yn bwysig. Gallech chi hefyd sôn am beth rydych chi wedi'i wneud yn ddiweddar i helpu eraill – e.e. digwyddiadau elusennol yn yr ysgol, codi arian, gwirfoddoli. Peidiwch â phoeni os nad ydych chi wedi gwneud unrhyw un o'r pethau hyn – defnyddiwch eich dychymyg!
- Gallwch chi hefyd sôn am beth gall unigolion ei wneud – e.e. **todo el mundo puede …** (gall pawb …) – neu beth dylen nhw ei wneud – e.e. **todo el mundo debería …** (dylai pawb …) – a beth dylai'r llywodraeth ei wneud – e.e. **el gobierno debería …** (dylai'r llywodraeth …). Mae hwn yn gyfle da i gynnwys y dibynnol os gallwch chi – e.e. **es importante que hagamos más para ayudar** (mae'n bwysig ein bod ni'n gwneud mwy i helpu).

MATERION CYMDEITHASOL

YMADRODDION DEFNYDDIOL

Hay muchos problemas sociales en el mundo y debemos buscar soluciones.	Mae llawer o broblemau cymdeithasol yn y byd ac mae'n rhaid i ni chwilio am atebion.
Una cosa que me preocupa es la pobreza extrema.	Un peth sy'n fy mhoeni yw tlodi difrifol.
Para mí, lo más importante es ayudar a los demás.	I mi, y peth pwysicaf yw helpu pobl eraill.
Creo que las organizaciones benéficas hacen un trabajo importantísimo.	Rwy'n meddwl bod elusennau yn gwneud gwaith gwirioneddol bwysig.
Desgraciadamente, tengo que reconocer que no hay una solución fácil.	Yn anffodus, mae'n rhaid i mi gyfaddef nad oes ateb hawdd.
Opino que cada persona en el mundo debería tener las mismas oportunidades.	Rydw i o'r farn y dylai pob person yn y byd gael yr un cyfleoedd.
Solo unidos como humanos podremos erradicar algunos de estos problemas sociales.	Dim ond wrth uno fel bodau dynol y byddwn ni'n gallu dileu rhai o'r problemau cymdeithasol hyn.
En realidad, es un problema de la humanidad entera.	Mewn gwirionedd, mae'n broblem i'r ddynoliaeth gyfan.
Es un gran problema a nivel mundial y por desgracia afecta a muchos países.	Mae'n broblem fawr ar lefel fyd-eang ac yn anffodus mae'n effeithio ar lawer o wledydd.
Lamentablemente, hay muchos países en desarrollo que todavía se enfrentan a graves problemas sociales.	Yn anffodus, mae llawer o wledydd sy'n datblygu o hyd sy'n wynebu problemau cymdeithasol difrifol.
Los países en desarrollo y las personas que viven en ellos necesitan nuestra ayuda y nuestro apoyo.	Mae angen ein help a'n cefnogaeth ar wledydd sy'n datblygu a'r bobl sy'n byw ynddyn nhw.
En el mundo hay millones de personas que duermen en las calles bajo plásticos o cartones.	Mae miliynau o bobl yn y byd sy'n cysgu ar y strydoedd o dan fagiau plastig neu focsys.
Me preocupa el hecho de que uno de cada cinco niños no tiene acceso a la educación primaria.	Rwy'n poeni am y ffaith bod un o bob pum plentyn heb fynediad at addysg gynradd.
Considero que la situación más urgente es la salud de los niños.	Rwy'n ystyried mai iechyd plant yw'r sefyllfa fwyaf dwys.
En los últimos diez años, el problema ha aumentado.	Yn ystod y deng mlynedd diwethaf, mae'r broblem wedi cynyddu.
No se pueden negar los derechos humanos.	Allwch chi ddim gwrthod hawliau dynol.
Muchas personas tienen que huir de la pobreza, injusticia y represión.	Mae llawer o bobl yn gorfod dianc rhag tlodi, anghyfiawnder a gorthrwm.
Me gustaría asistir a una manifestación para protestar contra la discriminación.	Hoffwn i fynd i wrthdystiad i brotestio yn erbyn gwahaniaethu.

Awgrymiadau ar gyfer y sgwrs:

- Gwrandewch ar y cwestiwn yn ofalus. Gweithiwch allan a yw'r cwestiwn a ofynnwyd yn defnyddio'r amser presennol, y gorffennol neu'r dyfodol fel y gallwch chi ddefnyddio'r un amser yn eich ateb.
- Siaradwch yn glir ac yn uchel.
- Peidiwch â phoeni os ydych chi'n oedi. Peidiwch â defnyddio 'ym' neu 'y' fel y gwnawn ni yn Gymraeg ond ceisiwch ddefnyddio rhai geiriau Sbaeneg yn lle hynny – e.e. bueno ..., pues ... neu a ver ...
- Rhowch reswm neu farn pryd bynnag y gallwch chi. Peidiwch ag ateb ydw neu nac ydw – sí neu no – yn unig. Dysgwch dair ffordd wahanol o fynegi 'Rwy'n meddwl bod' neu 'Yn fy marn i' yn Sbaeneg a cheisiwch eu defnyddio yn eich atebion.
- Siaradwch ddigon! Y sgwrs yw eich cyfle chi i ddangos beth rydych chi'n gallu ei wneud.

TASG ARHOLIAD

Dyma rai cwestiynau posibl y gallwch chi baratoi atebion ar eu cyfer. Ewch drostyn nhw yn uchel a gweithiwch ar eich acen.

- ¿Crees que es importante ayudar a los demás? ¿Por qué (no)? Wyt ti'n meddwl ei bod hi'n bwysig helpu pobl eraill? Pam (ddim)?
- ¿Cuál es tu organización benéfica preferida? ¿Por qué? Pa un yw dy hoff elusen? Pam?
- ¿Cómo podemos ayudar a las personas desfavorecidas? Sut gallwn ni helpu pobl ddifreintiedig?
- ¿Qué vas a hacer en el colegio para recaudar fondos? Beth rwyt ti'n mynd i'w wneud yn yr ysgol i godi arian?
- Háblame de un evento benéfico al que fuiste. Sonia wrtha i am ddigwyddiad elusennol yr est ti iddo.
- ¿Qué se debería hacer para resolver los problemas del mundo? Beth ddylai gael ei wneud i ddatrys problemau'r byd?

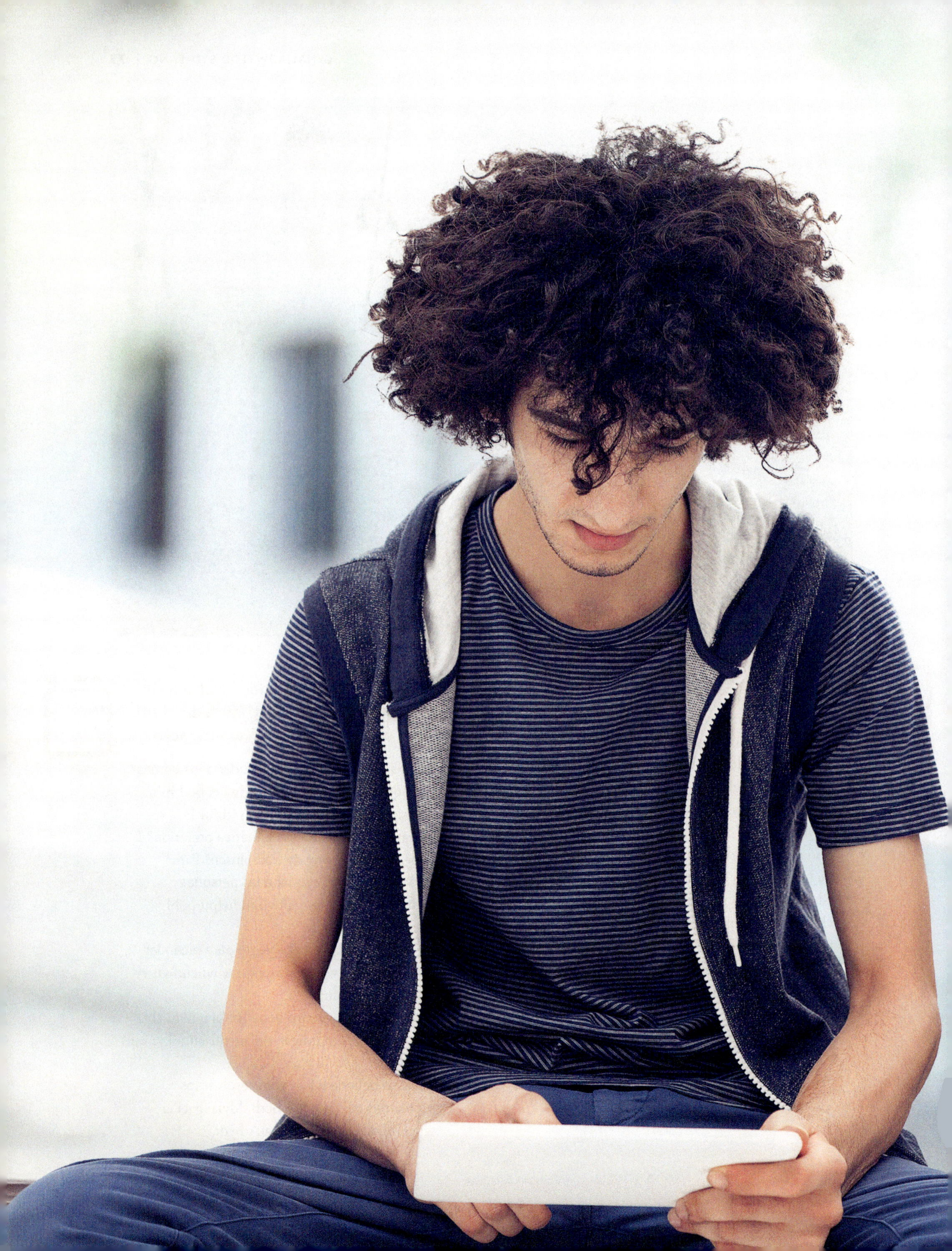

ASTUDIAETH GYFREDOL, ASTUDIAETH YN Y DYFODOL A CHYFLOGAETH

ASTUDIAETH GYFREDOL

Mae is-thema **Astudiaeth Gyfredol** yn cael ei rhannu yn ddwy ran. Dyma rai awgrymiadau am bynciau i'w hadolygu:

BYWYD YSGOL/COLEG
- diwrnod ysgol
- cymharu'r system ysgol mewn gwahanol wledydd
- cyfleusterau'r ysgol
- teithiau ysgol
- clybiau
- rheolau a rheoliadau
- manteision ac anfanteision gwisg ysgol

ASTUDIAETHAU YSGOL/COLEG
- pynciau a safbwyntiau
- arholiadau
- llwyth gwaith
- manteision ac anfanteision gwaith cartref
- problemau astudio
- pwysigrwydd addysg

TECHNEG GWRANDO

Defnyddiwch eich amser paratoi yn synhwyrol – gwiriwch eich bod chi'n deall beth mae angen i chi ei wneud ym mhob cwestiwn a gwnewch nodyn o unrhyw eiriau allweddol neu ymadroddion a allai fod yn ddefnyddiol.

Darllenwch y cwestiynau yn ofalus a gwnewch yn siŵr eich bod chi'n rhoi'r wybodaeth mae'r cwestiynau yn gofyn amdani – e.e. beth, pam, pryd, etc. Cadwch olwg am ffurfiau negyddol. Mae'r cwestiwn 'Pa bwnc mae hi'n ei hoffi?' yn gofyn am ateb gwahanol iawn i 'Pa bwnc dydy hi **ddim** yn ei hoffi?'

Bydd rhai o'r cwestiynau yn Sbaeneg, felly gwnewch yn siŵr eich bod chi'n dysgu'r geiriau cwestiwn yn ofalus. Rhaid i chi bob amser ateb yn yr un iaith â'r cwestiwn.

Gwiriwch faint o farciau sy'n cael eu rhoi ar gyfer y cwestiwn. Os yw'r papur yn gofyn i chi roi tic mewn pedwar blwch, gwnewch yn siŵr nad ydych chi'n ticio mwy na phedwar. Byddwch chi'n colli marciau os gwnewch chi hynny.

BYWYD YSGOL/COLEG

¿Qué piensas del uniforme escolar?
Beth yw dy farn di am wisg ysgol?

> Diría que es práctico y bastante cómodo. Estoy a favor del uniforme porque todos somos iguales y es fácil vestirse por la mañana. Sin embargo, la verdad es que preferiría llevar vaqueros.
>
> Rwy'n meddwl ei bod hi'n ymarferol ac yn eithaf cyfforddus. Rydw i o blaid gwisg ysgol oherwydd ein bod ni i gyd yn gyfartal ac mae'n hawdd gwisgo yn y bore. Serch hynny, y gwir yw y byddai'n well gen i wisgo jîns.

¿Qué haces como actividades extraescolares?
Pa weithgareddau allgyrsiol rwyt ti'n eu gwneud?

> En este momento no hago nada porque tengo demasiados deberes, pero el año pasado hice atletismo. Después de mis exámenes tengo la intención de volver al club de atletismo.
>
> Ar hyn o bryd, dydw i ddim yn gwneud unrhyw beth gan fod gen i ormod o waith cartref ond y llynedd roeddwn i'n gwneud athletau. Ar ôl fy arholiadau rwy'n bwriadu mynd yn ôl i'r clwb athletau.

¿Cómo son tus profesores?
Sut rai yw dy athrawon?

> Tenemos suerte porque los profesores son muy pacientes y siempre están dispuestos a ayudarnos. No obstante, hay algunos profesores muy estrictos y mi profesora de química grita mucho. ¡Todos pensamos que los profesores nos dan demasiado trabajo!
>
> Rydyn ni'n lwcus gan fod yr athrawon yn amyneddgar iawn a bob amser yn barod i'n helpu. Fodd bynnag, mae rhai athrawon llym iawn ac mae fy athro Cemeg yn gweiddi llawer. Rydyn ni i gyd yn meddwl bod yr athrawon yn rhoi gormod o waith i ni!

¿Qué hiciste en el colegio ayer?
Beth wnest ti yn yr ysgol ddoe?

> Ayer tuve dos exámenes muy difíciles y fue un día muy largo. ¡No quiero suspender!
>
> Ddoe roedd gen i ddau arholiad anodd ac roedd yn ddiwrnod hir iawn. Dydw i ddim eisiau methu!

ASTUDIAETH GYFREDOL | 81

¿Cómo sería tu colegio ideal?
Sut un fyddai dy ysgol ddelfrydol?

Mi colegio no es muy grande así que mi colegio ideal tendría más instalaciones deportivas. El deporte es muy importante para mí y me gustaría tener más canchas de tenis y una piscina olímpica. Si yo fuera el/la director/a, construiría un polideportivo para los alumnos.

Nid yw fy ysgol i yn fawr iawn, felly byddai gan fy ysgol ddelfrydol fwy o gyfleusterau chwaraeon. Mae chwaraeon yn bwysig iawn i mi a hoffwn i fwy o gyrtiau tennis a phwll nofio maint Olympaidd. Pe bawn i'n bennaeth, byddwn i'n adeiladu canolfan chwaraeon i'r disgyblion.

GRAMADEG

Siarad am eich ysgol

I ddweud beth rydych chi'n gorfod ei wneud yn yr ysgol, gallwch chi ddefnyddio'r strwythur **tener que** + **berfenw** – e.e. **tengo que estudiar** diez asignaturas (Rwy'n gorfod astudio deg pwnc).

Mae llawer o frawddegau atblygol y gallwch chi eu defnyddio i sôn am reolau ysgol:

- **se debe** + **berfenw** (rydych chi'n gorfod …) – e.e. **se debe llevar** uniforme (rydych chi'n gorfod gwisgo gwisg ysgol)
- **se tiene que** + **berfenw** (mae'n rhaid i chi …) – e.e. **se tiene que respetar** a los demás (mae'n rhaid i chi barchu pobl eraill)
- (no) **se permite** + **berfenw** (mae (dydy) … (ddim) yn cael ei ganiatáu) – e.e. **no se permite llevar maquillaje** (dydy colur ddim yn cael ei ganiatáu)

Os hoffech chi ddweud beth dylech chi ei wneud, bydd angen i chi ddefnyddio **se debe** yn yr amodol:

- **se debería** + **berfenw** (dylech chi …) – e.e. **se debería estudiar** muy duro (dylech chi astudio'n galed iawn)

Dyma ymadroddion eraill ar gyfer siarad am reolau ysgol:

- **es necesario** + **berfenw** (mae angen gwneud …) – e.e. **es necesario hacer** los deberes (mae angen gwneud gwaith cartref)
- **no está permitido/está prohibido** + **berfenw** (dydy … ddim yn cael ei ganiatáu) – e.e. **no está permitido llevar** joyas (dydy gwisgo gemwaith ddim yn cael ei ganiatáu)
- **hay que** + **berfenw** (mae'n rhaid i chi …) – e.e. **hay que trabajar** duro (mae'n rhaid i chi weithio'n galed)

TASG ARHOLIAD

Darllenwch y testun llenyddol hwn ac atebwch y cwestiynau yn Gymraeg.

En general, cuando el profesor le quita un objeto a un alumno por no prestar atención a la clase, se lo devuelve al tocar el timbre del recreo. En el colegio de Hernán las reglas eran diferentes, existía una ley que decía que todos los objetos quitados por los profesores en horario de clase debían ser depositados en el cuarto '15/60'. Este cuarto estaba ubicado en la planta baja, junto a la sala de profesores. Los profesores estaban obligados a pasar los objetos al director y, al final del día, el director los llevaba al cuarto '15/60'.

Mae'r rhan fwyaf o'r berfau yn y darn hwn yn yr amser amherffaith.

1. Pam byddai athro yn mynd â rhywbeth oddi ar ddisgybl fel arfer?
2. Pryd byddai'r disgybl fel arfer yn disgwyl ei gael yn ôl?
3. Beth sy'n wahanol am ysgol Hernán?
4. Ble mae ystafell '15/60'?
5. Beth sy'n digwydd os yw athro yn cymryd rhywbeth oddi ar ddisgybl?

Gall cwestiynau ar destunau llenyddol fod yn hirach a gofyn am fwy o feddwl na'r cwestiynau ar ddechrau'r papur, felly gwnewch yn siŵr eich bod chi'n gadael digon o amser i'w hateb.

BYWYD YSGOL/COLEG

YMADRODDION DEFNYDDIOL

No me gusta la mañana porque las clases comienzan temprano y tenemos más de tres horas de clases.	Dydw i ddim yn hoffi'r bore oherwydd bod y gwersi'n dechrau'n gynnar ac rydyn ni'n cael mwy na thair awr o wersi.
Mi colegio no ofrece ningún tipo de club después de las clases.	Nid yw fy ysgol i yn cynnig unrhyw fath o glwb ar ôl gwersi.
Tenemos mucha suerte porque el colegio ofrece muchas actividades extraescolares.	Rydyn ni'n lwcus iawn oherwydd bod yr ysgol yn cynnig llawer o weithgareddau allgyrsiol.
No soy miembro de un club extraescolar porque me gusta tener la tarde libre todos los días.	Dydw i ddim yn aelod o glwb allgyrsiol gan fy mod i'n hoffi cael y prynhawn yn rhydd bob dydd.
Normalmente durante el recreo hablo con mis amigos, pero a veces voy a la biblioteca para hacer mis deberes.	Fel arfer yn yr egwyl, rwy'n siarad â fy ffrindiau, ond weithiau rwy'n mynd i'r llyfrgell i wneud fy ngwaith cartref.
Paso dos horas en el patio charlando con mis amigos durante el día.	Rwy'n treulio dwy awr ar yr iard yn sgwrsio â fy ffrindiau yn ystod y dydd.
Me encantaba mi colegio de primaria porque no era estricto y los maestros eran muy pacientes con los alumnos.	Roeddwn i'n caru fy ysgol gynradd oherwydd doedd hi ddim yn llym ac roedd yr athrawon yn amyneddgar iawn gyda'r disgyblion.
El trabajo era fácil y no había deberes ni exámenes.	Roedd y gwaith yn hawdd a doedd dim gwaith cartref nac arholiadau.
Opino que los profesores son muy negativos y también nos dan mucho trabajo en clase.	Rwy'n meddwl bod yr athrawon yn negyddol iawn ac maen nhw hefyd yn rhoi llawer o waith i ni yn y dosbarth.
La cantina vende comida bastante barata pero no es muy buena.	Mae'r ffreutur yn gwerthu bwyd eithaf rhad ond nid yw'n dda iawn.
Prefiero traer bocadillos porque siempre hay colas en la cantina.	Mae'n well gen i ddod â brechdanau gan fod ciwiau yn y ffreutur bob amser.
Algunos alumnos son muy habladores en clase y se comportan mal.	Mae rhai disgyblion yn siaradus iawn yn y dosbarth ac yn ymddwyn yn wael.
El problema del acoso escolar afecta a muchos estudiantes.	Mae problem bwlio yn yr ysgol yn effeithio ar lawer o fyfyrwyr.
Creo que los edificios son bastante feos, algunos son modernos pero las instalaciones son antiguas.	Rwy'n meddwl bod yr adeiladau yn eithaf hyll, mae rhai yn fodern ond mae'r cyfleusterau'n hen.
En mi colegio hay más o menos mil estudiantes de entre once y dieciocho años.	Yn fy ysgol i mae tua mil o fyfyrwyr rhwng un ar ddeg a deunaw oed.

Mi colegio anterior era más pequeño, pero más moderno.	Roedd fy ysgol flaenorol yn llai, ond roedd yn fwy modern.
Tengo que llevar uniforme escolar y no me gusta nada porque es muy incómodo.	Mae'n rhaid i mi wisgo gwisg ysgol a dydw i ddim yn ei hoffi gan ei bod yn anghyfforddus iawn.
En mi opinión, el uniforme escolar evita problemas de discriminación y promociona la igualdad.	Yn fy marn i, mae gwisg ysgol yn osgoi problemau gyda gwahaniaethu ac yn hyrwyddo cydraddoldeb.
Encuentro las reglas muy estrictas, pero entiendo la importancia de la disciplina.	Rwy'n ffeindio bod y rheolau yn llym iawn, ond rwy'n deall pwysigrwydd disgyblaeth.
Mi colegio ideal sería moderno y grande y tendría buenas instalaciones.	Byddai fy ysgol ddelfrydol yn fodern ac yn fawr a byddai ganddi gyfleusterau da.
Si yo fuera el director/a, eliminaría muchas reglas y aboliría los deberes.	Pe bawn i'n bennaeth, byddwn i'n cael gwared ar lawer o reolau a byddwn i'n dileu gwaith cartref.

Efallai y bydd gofyn i chi ddisgrifio eich diwrnod ysgol yn eich arholiad siarad neu ysgrifennu. Edrychwch ar y disgrifiad hwn:

El colegio empieza a las nueve y termina a las tres. Hay cinco clases cada día y cada clase dura una hora. Hay un recreo a las once y la hora de comer es a la una.

Ceisiwch beidio â rhoi atebion fel hyn drwy'r amser. Mae'r Sbaeneg yn gywir ond mae'n un rhestr hir! Nid oes barn, na chyfiawnhad, na rhesymau ac mae'r cyfan mewn un amser. Byddai hwn yn ateb llawer gwell:

El colegio empieza a las nueve y termina a las tres. En mi opinión, es un día muy largo. Hay cinco clases cada día y cada clase dura una hora. Ayer tuve dos clases de matemáticas, ¡que aburrido! Hay un recreo a las once y la hora de comer es a la una. Durante el recreo me encanta jugar al fútbol con mis amigos.

Cofiwch:

Yn eich chwarae rôl, bydd yn rhaid i chi ddefnyddio'r amser presennol yn ogystal ag o leiaf un amser arall. Cadwch olwg am eiriau 'sbardun' sy'n dangos i chi pa amser i'w ddefnyddio – e.e. mae ddoe a'r wythnos diwethaf yn dangos bod angen i chi ddefnyddio'r amser gorffennol, ac mae yfory a'r wythnos nesaf yn dangos bod angen i chi ddefnyddio'r dyfodol.

Os nad oes geiriau sbardun – fel yn y ddau bwynt bwled cyntaf sy'n dilyn – yna bydd angen i chi ddefnyddio'r amser presennol. Cofiwch nad oes angen i chi roi gwybodaeth ychwanegol ond bydd angen i chi ateb mewn brawddegau llawn, nid â geiriau unigol neu ymadroddion byr.

Dyma rai enghreifftiau o sbardunau chwarae rôl posibl ar y pwnc hwn:

- Disgrifiwch eich ysgol.
- Rhowch eich barn am wisg ysgol.
- Dywedwch beth wnaethoch chi amser egwyl ddoe.
- Dywedwch pa waith cartref wnaethoch chi yr wythnos diwethaf.
- Dywedwch beth byddwch chi'n ei wneud yfory ar ôl yr ysgol.
- Dywedwch pa bynciau byddwch chi'n eu hastudio yr wythnos nesaf.

ASTUDIAETHAU YSGOL/COLEG

¿Cuál es tu asignatura preferida? ¿Por qué?
Beth yw dy hoff bwnc? Pam?

> Mi asignatura preferida en este momento es la historia porque el trabajo es fascinante y el profesor es gracioso. También, mis amigos están en la misma clase y tenemos suerte porque el profesor no nos da demasiados deberes.
>
> Fy hoff bwnc ar hyn o bryd yw Hanes gan fod y gwaith yn ddiddorol iawn a'r athro yn ddoniol. Hefyd, mae fy ffrindiau yn yr un dosbarth ac rydyn ni'n lwcus gan nad yw'r athro'n rhoi gormod o waith cartref i ni.

¿Piensas que los exámenes son importantes?
Wyt ti'n meddwl bod arholiadau yn bwysig?

> Según mis padres y mis profesores, los exámenes son esenciales para tener éxito en la vida. Estoy un poco obsesionado/a con mis notas y no sé que haré si suspendo.
>
> Yn ôl fy rhieni a'm hathrawon, mae arholiadau yn hanfodol er mwyn llwyddo mewn bywyd. Mae gen i obsesiwn am fy ngraddau a dydw i ddim yn gwybod beth wnaf i os methaf i.

¿Hay demasiada presión en el colegio?
Oes gormod o bwysau yn yr ysgol?

> Claro que sí, estoy muy estresado/a este año. El trabajo es mucho más difícil ya que tenemos exámenes y tengo que pasar todos mis ratos libres estudiando. Mis profesores son muy exigentes y hay mucha presión.
>
> Oes, wrth gwrs – rydw i o dan lawer o straen eleni. Mae'r gwaith yn llawer mwy anodd oherwydd bod gennym ni arholiadau ac mae'n rhaid i mi dreulio fy holl amser rhydd yn astudio. Mae fy athrawon yn disgwyl llawer ac mae cryn dipyn o bwysau.

¿Qué deberes hiciste el fin de semana pasado?
Pa waith cartref wnest ti y penwythnos diwethaf?

> Pasé el fin de semana entero trabajando porque tenía tantos deberes. Lo pasé muy mal. El fin de semana que viene no voy a hacer nada.
>
> Treuliais i'r penwythnos cyfan yn gweithio oherwydd bod gen i gymaint o waith cartref. Ces i amser gwael iawn. Y penwythnos nesaf, dydw i ddim yn mynd i wneud unrhyw beth.

ASTUDIAETH GYFREDOL | 85

¿Qué vas a estudiar el año que viene?
Beth rwyt ti'n mynd i'w astudio y flwyddyn nesaf?

> La verdad es que no sé qué quiero hacer. Por una parte, me gustaría hacer algo relacionado con los idiomas, pero al mismo tiempo no sé si debería elegir ciencia y tecnología. Lo más importante es sacar buenas notas.
> Y gwir yw nad ydw i'n gwybod beth rydw i am ei wneud. Ar y naill law, hoffwn i wneud rhywbeth ag ieithoedd, ond ar yr un pryd dydw i ddim yn gwybod a ddylwn i ddewis Gwyddoniaeth a Thechnoleg. Y peth pwysicaf yw cael graddau da.

Gallwch chi ddefnyddio'r ymadroddion amser hyn i siarad am ba mor aml rydych chi'n gwneud rhywbeth yn yr ysgol:

- a veces/de vez en cuando – weithiau
- frecuentemente/a menudo – yn aml
- normalmente – fel arfer
- siempre – bob amser
- raramente/rara vez – yn anaml
- nunca – byth
- cada jueves – bob dydd Iau
- cada semana – bob wythnos
- todos los días/cada día – bob dydd
- después del colegio/de las clases – ar ôl yr ysgol/y gwersi
- por la mañana/tarde – yn y bore/prynhawn

Atebwch y cwestiynau yn Gymraeg.

En un mundo global es cada vez más importante aprender más de un idioma. Te ayudará a mejorar tu carrera profesional pero también a hablar con personas de otros países y disfrutar más tus viajes. Además, según algunos estudios, la gente bilingüe es más feliz y más rica.

Una vez que aprendes una segunda lengua, te será más fácil aprender otras. Finalmente, aprender otro idioma ayuda a las personas a entender que el mundo no es todo igual y que existen diversidades culturales y las prepara para el futuro.

1. Pa resymau sydd dros ddysgu mwy nag un iaith yn ôl y paragraff cyntaf? Rhowch **ddau** fanylyn.
2. Beth mae'r erthygl yn ei ddweud am bobl ddwyieithog?
3. Ar ôl i chi ddysgu un iaith, beth sy'n dod yn haws?
4. Yn ôl yr hyn sy'n cael ei nodi, beth yw'r fantais olaf o ddysgu iaith?

TASG ARHOLIAD

ASTUDIAETHAU YSGOL/COLEG

YMADRODDION DEFNYDDIOL

Este año voy a terminar la enseñanza obligatoria y no sé qué voy a hacer en septiembre.	Eleni rwy'n mynd i orffen addysg orfodol a dydw i ddim yn gwybod beth rwy'n mynd i'w wneud ym mis Medi.
Lo positivo de mi colegio es que hay una amplia gama de asignaturas.	Y peth cadarnhaol am fy ysgol i yw bod amrywiaeth eang o bynciau.
Me preocupan mucho las exigencias de mis padres y los fracasos académicos.	Rwy'n poeni llawer am ofynion fy rhieni ac am fethiannau academaidd.
Creo que sufro de estrés académico a causa de los exámenes.	Rwy'n credu fy mod i'n dioddef straen yn yr ysgol oherwydd yr arholiadau.
Estoy muy ansioso/a porque tengo muchos deberes y los encuentro muy difíciles.	Rwy'n bryderus iawn oherwydd bod gen i lawer o waith cartref ac rwy'n ei ffeindio'n anodd iawn.
No soy una persona muy trabajadora y no saco muy buenas notas.	Dydw i ddim yn berson sy'n gweithio'n galed iawn a dydw i ddim yn cael graddau da iawn.
No soy una persona muy creativa y prefiero la lógica, entonces las matemáticas me resultan muy fáciles.	Dydw i ddim yn berson creadigol iawn ac mae'n well gen i resymeg, felly mae Mathemateg yn hawdd i mi.
Me encanta el inglés porque tengo buena imaginación y me encanta escribir ensayos.	Rwy'n caru Saesneg oherwydd bod gen i ddychymyg da ac rwy'n caru ysgrifennu traethodau.
Lo que realmente me gusta es debatir los problemas mundiales en clase.	Yr hyn rydw i wir yn hoffi ei wneud yw trafod problemau'r byd yn y dosbarth.
Tengo problemas con mis compañeros de clase y sufro acoso escolar de vez en cuando.	Rwy'n cael problemau gyda fy nghyd-ddisgyblion ac rwy'n dioddef bwlio o dro i dro.
Por desgracia, el estrés es parte de la vida de un estudiante.	Yn anffodus, mae straen yn rhan o fywyd myfyriwr.
Prefiero las asignaturas científicas porque me encanta analizar y experimentar.	Mae'n well gen i bynciau gwyddonol oherwydd fy mod i'n caru dadansoddi ac arbrofi.
No me gusta nada esta asignatura porque creo que es muy aburrida y no es útil para mi futuro.	Dydw i ddim yn hoffi'r pwnc hwn achos rwy'n meddwl ei fod yn ddiflas iawn ac nid yw'n ddefnyddiol ar gyfer fy nyfodol.
El dibujo no es mi especialidad y no tengo ningún talento artístico.	Nid Celf yw fy arbenigedd i, a does gen i ddim dawn artistig.
Me apasiona todo lo relacionado con la historia porque me fascina aprender sobre las generaciones anteriores.	Rwy'n caru popeth am Hanes oherwydd fy mod wrth fy modd yn dysgu am bobl y gorffennol.

ASTUDIAETH GYFREDOL | **87**

Las ciencias me cuestan mucho y tengo que trabajar muy duro en clase.

Mae Gwyddoniaeth yn anodd iawn i mi ac mae'n rhaid i mi weithio'n galed iawn yn y dosbarth.

Si trabajo duro, aprobaré mis exámenes.

Os gweithiaf i'n galed, fe lwyddaf yn fy arholiadau.

Los profesores han dicho que tenemos que estudiar mucho este año.

Mae'r athrawon wedi dweud bod yn rhaid i ni astudio llawer eleni.

Cofiwch y byddwch chi'n cael eich marcio am gywirdeb ar yr Haen Sylfaenol a'r Haen Uwch.

Gwiriwch y sillafu, yr acenion, cenedl enwau, ffurfiau'r lluosog a'r amserau yn ofalus.

Cofiwch gynnwys amserau ychwanegol, os oes modd, i ddangos eich gwybodaeth ramadegol. Yn y dasg isod, er enghraifft, gofynnir i chi ysgrifennu am eich ysgol gynradd (amser gorffennol) a'ch cynlluniau ar gyfer mis Medi (amser dyfodol). Beth am geisio siarad am eich ysgol ddelfrydol neu beth hoffech chi ei wneud yn y dyfodol hefyd (amser amodol)?

Fel yn achos rhan sgwrsio yr arholiad siarad, dyma eich cyfle chi i ddangos beth rydych chi'n gallu ei wneud. Os nad ydych chi'n hollol siŵr sut mae dweud rhywbeth, ysgrifennwch ef mewn ffordd arall – does dim rhaid iddo fod yn wir cyn belled â'i fod yn gwneud synnwyr!

TASG ARHOLIAD

Escribe un artículo para la revista de tu colegio. Puedes dar más información, pero tienes que incluir:

- tu escuela primaria (en el pasado)
- tu colegio (en el presente)
- lo que vas a estudiar el año que viene (en el futuro)

Chi sy'n rheoli'r arholiad hwn ond peidiwch ag ysgrifennu beth rydych chi ei eisiau yn unig – gwnewch yn siŵr eich bod chi'n ateb y cwestiwn. Ceisiwch roi'r un faint o amser ac o sylw i'r tri phwynt bwled. Ceisiwch ysgrifennu tua 100 gair i gyd. Dyma rai berfau allweddol yn y ffurf **yo** i'ch helpu:

	Amherffaith	Gorffennol	Presennol	Dyfodol agos	Dyfodol	Amodol
ir – mynd	iba	fui	voy	voy a ir	iré	iría
hacer – gwneud	hacía	hice	hago	voy a hacer	haré	haría
tener – cael	tenía	tuve	tengo	voy a tener	tendré	tendría
estudiar – astudio	estudiaba	estudié	estudio	voy a estudiar	estudiaré	estudiaría

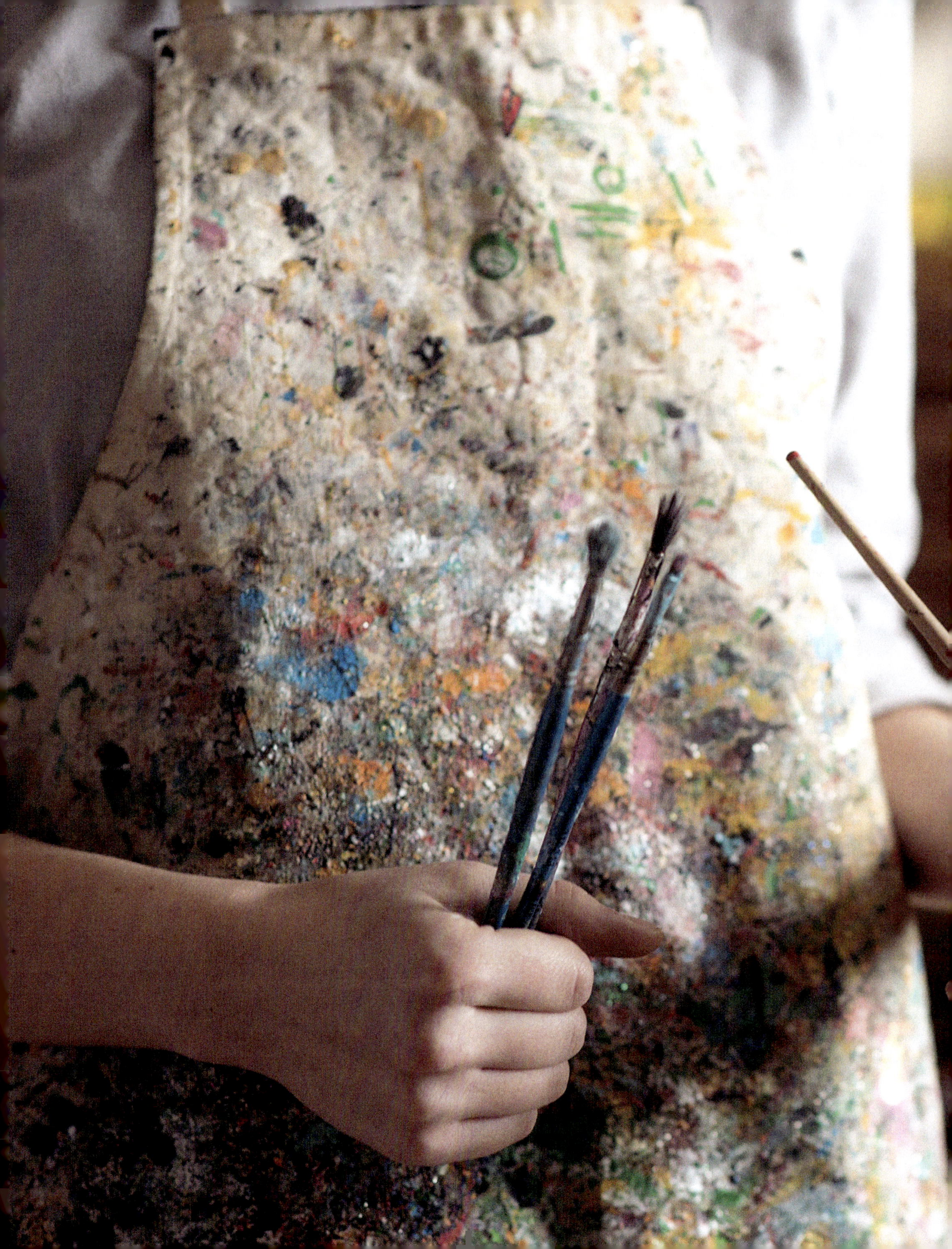

ASTUDIAETH GYFREDOL, ASTUDIAETH YN Y DYFODOL A CHYFLOGAETH

MENTER, CYFLOGADWYEDD A CHYNLLUNIAU AR GYFER Y DYFODOL

Mae is-thema **Menter, Cyflogadwyedd a Chynlluniau ar gyfer y Dyfodol** yn cael ei rhannu yn bedair rhan. Dyma rai awgrymiadau am bynciau i'w hadolygu:

CYFLOGAETH
- manteision ac anfanteision cyflogaeth a phrofiad gwaith
- cynilo arian
- arian poced
- gwaith gwirfoddol
- swyddi rhan amser
- sut rydych chi'n gwario'r arian rydych chi'n ei ennill

SGILIAU A RHINWEDDAU PERSONOL
- nodweddion personoliaeth
- sgiliau personol
- sgiliau ar gyfer gwahanol swyddi
- llythyrau cais
- cyfweliadau swydd

ASTUDIAETH ÔL-16
- ceisiadau am swyddi a choleg
- llythyrau ffurfiol
- CVs
- cyfweliadau – e.e. ar gyfer gwaith, y coleg a'r brifysgol
- hysbysebion swyddi a chyrsiau

CYNLLUNIAU GYRFA
- opsiynau hyfforddi ac astudio
- cyfleoedd gwaith
- gweithio dramor
- cynlluniau ar gyfer y dyfodol
- cyfweliad mewn asiantaeth gyflogaeth

CYFLOGAETH

¿Qué haces para ganar dinero?
Beth rwyt ti'n ei wneud i ennill arian?

> Antes, trabajaba en una tienda los fines de semana, pero ahora tengo demasiado trabajo escolar. Tengo suerte porque mis padres me dan diez libras cada semana si ayudo con las tareas domésticas.
> O'r blaen, roeddwn i'n arfer gweithio mewn siop yn ystod y penwythnos ond nawr mae gen i ormod o waith ysgol. Rwy'n lwcus oherwydd bod fy rhieni yn rhoi deg punt i mi bob wythnos os ydw i'n helpu gyda gwaith tŷ.

¿Es importante trabajar durante las vacaciones escolares?
A yw hi'n bwysig gweithio yn ystod gwyliau'r ysgol?

> En general, creo es una buena idea trabajar durante las vacaciones. La primera ventaja obvia es ganar dinero, pero también ofrece la oportunidad de aprender nuevas cosas y reforzar el currículo.
> Yn gyffredinol, rwy'n meddwl ei bod hi'n syniad da gweithio yn ystod y gwyliau. Y fantais amlwg gyntaf yw ennill arian, ond mae hefyd yn cynnig cyfle i ddysgu pethau newydd a chryfhau eich CV.

¿Cuáles son los aspectos negativos de un trabajo a tiempo parcial?
Beth yw agweddau negyddol cael swydd ran amser?

> Mis amigos me dicen que sus trabajos no están bien pagados. El trabajo puede ser monótono y pienso que es muy difícil combinar los estudios y el trabajo.
> Mae fy ffrindiau yn dweud wrtha i nad yw eu swyddi yn talu'n dda. Gall y gwaith fod yn undonog ac rwy'n meddwl ei bod hi'n anodd iawn cyfuno astudio a gweithio.

¿Qué te gustaría hacer como trabajo de verano?
Beth hoffet ti ei wneud fel swydd haf?

> Me gustaría trabajar al aire libre como socorrista. Sería un trabajo bastante variado y tendría la oportunidad de ayudar a la gente.
> Hoffwn i weithio yn yr awyr agored fel achubwr bywyd. Byddai'n swydd eithaf amrywiol a byddwn i'n cael y cyfle i helpu pobl.

MENTER, CYFLOGADWYEDD A CHYNLLUNIAU AR GYFER Y DYFODOL | **91**

¿Has hecho prácticas laborales?
Wyt ti wedi gwneud profiad gwaith?

> Tengo que admitir que nunca he trabajado. Tampoco he tenido la oportunidad de hacer prácticas laborales. Un día me gustaría ser periodista, por eso debería hacer prácticas en la oficina del periódico regional.
>
> Mae'n rhaid i mi gyfaddef nad ydw i erioed wedi gweithio. Dydw i ddim chwaith wedi cael y cyfle i wneud profiad gwaith. Un diwrnod, hoffwn i fod yn newyddiadurwr, felly dylwn i wneud profiad gwaith mewn swyddfa papur lleol.

Cwestiynau dewis lluosog

Rydych chi'n debygol o gael o leiaf un cwestiwn dewis lluosog yn eich arholiad darllen a/neu wrando. Gall y cwestiwn fod yn Gymraeg neu yn Sbaeneg neu gall ddefnyddio lluniau. Awgrymiadau:

- Peidiwch ag ateb yn rhy fuan! Gwnewch yn siŵr eich bod chi'n darllen yr opsiynau i gyd cyn dewis eich ateb. Peidiwch â stopio pan ddewch chi at yr ateb sy'n ymddangos yr un mwyaf tebygol.
- Gall rhai o'r atebion fod yn ceisio eich twyllo chi'n fwriadol! Gall sawl dewis ymddangos yn gywir, felly mae'n bwysig darllen y testun a'r cwestiynau'n ofalus.
- Os nad ydych chi'n siŵr am ateb, dyfalwch … ond gwnewch hynny'n bwyllog. Dilëwch rai dewisiadau rydych chi'n gwybod eu bod nhw'n anghywir. Ceisiwch gyfyngu'r ateb i un neu ddau ddewis ac yna cymharwch nhw. Yn olaf, gwnewch benderfyniad cytbwys.

Nawr, ewch ati i ymarfer eich strategaethau dewis lluosog ar y dasg hon.

TASG ARHOLIAD

Miles de jóvenes, muchos acompañados por sus padres, acudieron hoy al Departamento del Trabajo para solicitar empleos de verano. Muchos de los interesados llegaron desde las ocho de la mañana para hacer cola, pero las puertas del centro solo abrieron a las diez de la mañana.

Hay mil empleos disponibles, el empleo es solo por el mes de junio y los jóvenes deberán entregar sus solicitudes durante los días del 30 abril al 4 de mayo.

1. ¿Qué buscan los jóvenes?
    a. trabajos a tiempo parcial
    b. trabajos de verano
    c. el Departamento de Trabajo
2. ¿A que hora abrió el Departamento?
    a. 8.00
    b. 20.00
    c. 10.00
3. ¿Cuántos puestos hay?
    a. 1000
    b. 30
    c. 20
4. ¿Cuánto tiempo dura el puesto?
    a. el mes de mayo
    b. el mes de abril
    c. el mes de junio

CYFLOGAETH

YMADRODDION DEFNYDDIOL

No tengo un trabajo en este momento ya que voy al colegio.	Does gen i ddim swydd ar hyn o bryd gan fy mod i'n mynd i'r ysgol.
Mis padres no me permiten trabajar porque piensan que mis estudios son demasiado importantes.	Nid yw fy rhieni yn gadael i mi weithio gan eu bod nhw'n meddwl bod fy astudiaethau yn rhy bwysig.
No tengo empleo a tiempo parcial porque no hay puestos disponibles para los jóvenes.	Does gen i ddim swydd ran amser oherwydd does dim swyddi ar gael i bobl ifanc.
Si tuviera la oportunidad, me gustaría encontrar un trabajo de verano para tener más dinero para gastar.	Pe bawn i'n cael y cyfle, hoffwn i ffeindio swydd haf i gael mwy o arian i'w wario.
El año que viene espero encontrar un trabajo de verano.	Y flwyddyn nesaf, rwy'n gobeithio dod o hyd i swydd haf.
Si encuentro un trabajo a tiempo parcial, ahorraré mi dinero para comprar ropa.	Os ffeindiaf i swydd ran amser, byddaf i'n cynilo fy arian i brynu dillad.
Este verano pasaré quince días trabajando en la oficina de mi tío.	Yr haf hwn, byddaf i'n treulio pythefnos yn gweithio yn swyddfa fy ewythr.
Gasto la mayoría de mi dinero, pero trato de ahorrar cinco libras a la semana.	Rwy'n gwario'r rhan fwyaf o fy arian, ond rwy'n ceisio cynilo pum punt yr wythnos.
En mi opinión, es esencial trabajar y ganar dinero.	Yn fy marn i, mae'n hanfodol gweithio ac ennill arian.
El trabajo es duro y mi jefe es muy exigente.	Mae'r gwaith yn anodd ac mae fy mòs yn disgwyl llawer.
Preferiría trabajar como dependiente porque ganaría más dinero.	Byddai'n well gen i weithio mewn siop oherwydd byddwn i'n ennill mwy o arian.
Es una buena experiencia para el futuro y sería bueno para mi currículo.	Mae'n brofiad da i'r dyfodol a byddai'n dda ar gyfer fy CV.
Este verano trabajaré en un supermercado los fines de semana.	Yr haf hwn, byddaf i'n gweithio mewn archfarchnad yn ystod y penwythnos.
Trabajaba cinco horas por semana, pero me resultaba imposible estudiar y trabajar al mismo tiempo.	Roeddwn i'n arfer gweithio pum awr yr wythnos, ond roedd hi'n amhosibl i mi astudio a gweithio ar yr un pryd.
Limpiaba la casa de mi vecino una vez a la semana, pero ahora no tengo suficiente tiempo.	Roeddwn i'n arfer glanhau tŷ fy nghymydog unwaith yr wythnos, ond nawr does gen i ddim digon o amser.
Espero poder hacer unas prácticas que me faciliten el acceso al mercado laboral.	Rwy'n gobeithio gallu gwneud rhywfaint o brofiad gwaith a fydd yn fy helpu i gael mynediad at y farchnad swyddi.

MENTER, CYFLOGADWYEDD A CHYNLLUNIAU AR GYFER Y DYFODOL | 93

He hecho dos periodos de prácticas y me sirvieron para reafirmarme en mi vocación.	Rydw i wedi gwneud dau gyfnod o brofiad gwaith ac fe wnaethon nhw gadarnhau'r hyn rydw i am ei wneud.
Los días pasaron muy rápidamente y fue una experiencia educativa porque aprendí un montón de nuevas habilidades.	Aeth y diwrnodau yn gyflym iawn ac roedd hi'n brofiad addysgiadol oherwydd fy mod i wedi dysgu llawer o sgiliau newydd.
Si hiciera mis prácticas otra vez, sería más paciente con los clientes.	Pe bawn i'n gwneud fy mhrofiad gwaith eto, byddwn i'n fwy amyneddgar gyda'r cleientiaid.

Ymadroddion defnyddiol ar gyfer disgrifio llun:

en esta foto veo ... – yn y llun hwn, rwy'n gweld …
el foco principal de la foto es ... – canolbwynt/prif sylw'r llun yw…
la foto trata de ... – mae'r llun am …
en la foto hay ... – yn y llun mae …
en primer plano – yn y tu blaen
al fondo – yn y cefndir
a la derecha/izquierda – ar y dde/y chwith

Mynegi barn:

creo que/pienso que/opino que/me parece que – rwy'n meddwl bod
en mi opinión – yn fy marn i
me da la impresión de que – rwy'n cael yr argraff bod
me parece que – mae'n ymddangos bod
desde mi punto de vista – o'm safbwynt i
por mi parte – o'm rhan i
a mi parecer – yn fy nhyb i

TASG ARHOLIAD

Atebwch y cwestiynau hyn yn Sbaeneg.

- Describe la foto. (Sylfaenol)/¿De qué trata esta foto? (Uwch) Disgrifia'r llun./Beth sy'n digwydd yn y llun?
- ¿Es importante ganar dinero? ¿Por qué (no)? A yw hi'n bwysig ennill arian? Pam (ddim)?
- Los jóvenes necesitan experiencia laboral. ¿Qué piensas? Mae pobl ifanc angen profiad o fyd gwaith. Beth yw dy farn di?
- ¿Te gustaría encontrar un trabajo a tiempo parcial? Hoffet ti gael swydd ran amser?

SGILIAU A RHINWEDDAU PERSONOL

¿Cuáles son tus cualidades personales?
Beth yw dy rinweddau personol?

> Me relaciono con la gente con facilidad. Creo que soy una persona bastante extrovertida porque no me resulta difícil expresar mis opiniones y hacer preguntas.
> Rwy'n dod ymlaen yn hawdd â phobl eraill. Rwy'n fy ystyried fy hun yn eithaf allblyg oherwydd dydw i ddim yn ei chael hi'n anodd rhoi fy marn a gofyn cwestiynau.

¿Cuáles son tus habilidades para el mercado laboral?
Pa sgiliau sydd gen ti ar gyfer y byd gwaith?

> Soy organizado/a, eficiente y práctico/a, y me enorgullezco de hacer el trabajo lo mejor posible. También tengo una habilidad para motivar a los demás y no me da miedo hablar en público.
> Rwy'n drefnus, yn effeithiol ac yn ymarferol, ac rwy'n falch o wneud y gwaith gorau posibl. Rydw i hefyd yn gallu cymell pobl eraill, a does gen i ddim ofn siarad yn gyhoeddus.

¿Cuáles son las habilidades esenciales para encontrar un buen trabajo?
Beth yw'r sgiliau hanfodol i gael swydd dda?

> Primero, es importante hablar una lengua extranjera. Para tener éxito, hay que aprender de los errores e intentar resolver los problemas. Además, se debería proyectar una actitud positiva y mostrar entusiasmo.
> I ddechrau, mae'n bwysig siarad iaith dramor. I fod yn llwyddiannus, mae'n rhaid i chi ddysgu o gamgymeriadau a cheisio datrys problemau. Yn ogystal, dylech chi gyfleu agwedd gadarnhaol a dangos brwdfrydedd.

¿Cómo sería tu jefe ideal?
Sut un fyddai dy fòs delfrydol?

> Mi jefe ideal tendría que ser un mentor y escucharía a los demás. Sería exigente, pero al mismo tiempo amable. Un buen jefe tiene que motivar a los empleados y valorar su trabajo.
> Byddai fy mòs delfrydol i yn fentor a byddai'n gwrando ar bobl eraill. Byddai'n disgwyl llawer ond yn gyfeillgar ar yr un pryd. Mae'n rhaid i fòs da gymell gweithwyr a gwerthfawrogi eu gwaith.

¿Cuál ha sido tu mayor éxito en el colegio?
Beth yw'r llwyddiant mwyaf rwyt ti wedi'i gael yn yr ysgol?

Mi mayor éxito escolar ha sido aprobar todos mis exámenes el año pasado. Tuve que trabajar muy duro durante el año, pero al final saque muy buenas notas.

Fy llwyddiant mwyaf yn yr ysgol oedd pasio fy arholiadau i gyd y llynedd. Roedd yn rhaid i mi weithio'n galed drwy'r flwyddyn gyfan, ond yn y diwedd ces i raddau da iawn.

Pan fyddwch chi'n siarad am eich sgiliau a'ch rhinweddau personol, yn aml bydd angen i chi roi enghreifftiau i ddarlunio'r pwyntiau rydych chi'n eu gwneud. Dyma rai ymadroddion defnyddiol yn Sbaeneg i gysylltu ac ymestyn eich brawddegau:

- por ejemplo – er enghraifft
- como – fel
- tal/tales como – megis, fel
- es decir – hynny yw
- en cuanto a/respecto a – o ran, o safbwynt
- es evidente que – mae'n amlwg bod
- especificamente – yn benodol
- porque – oherwydd
- a causa de – o ganlyniad i
- cuando – pan
- puesto que/ya que – ers
- pero – ond

TASG ARHOLIAD

Parwch 1–10 ag a–g.
1. Actitud positiva hacia el trabajo y la vida
2. Facilidad para la comunicación
3. Capacidad para relacionarse con los demás
4. Confianza en sí mismo
5. Capacidad de análisis y resolución de problemas
6. Adaptabilidad
7. Automotivación
8. Liderazgo
9. Trabajo en equipo
10. Conocimientos en el área específica

a. Hunangymhelliant
b. Y gallu i ddadansoddi a datrys problemau
c. Gweithio mewn tîm
ch. Agwedd gadarnhaol tuag at waith a bywyd
d. Gwybodaeth benodol
dd. Y gallu i addasu
e. Y gallu i gyfathrebu
f. Arweinyddiaeth
ff. Y gallu i gyd-dynnu ag eraill
g. Hunanhyder

SGILIAU A RHINWEDDAU PERSONOL

YMADRODDION DEFNYDDIOL

Mis profesores dicen que soy cooperativo/a y constante.	Mae fy athrawon yn dweud fy mod i'n cydweithredu ac yn dyfalbarhau.
Era tímido/a cuando era más joven pero ahora tengo más autoconfianza.	Roeddwn i'n swil pan oeddwn i'n iau ond nawr mae gen i fwy o hunanhyder.
Siempre escucho a los demás y tengo en cuenta sus opiniones.	Rydw i bob amser yn gwrando ar bobl eraill ac yn ystyried eu barn nhw.
Hablo y expreso mis ideas bien delante de otras personas.	Rwy'n siarad ac yn mynegi fy syniadau yn dda o flaen pobl eraill.
Me gustaría ser más adaptable y flexible.	Hoffwn i fod yn fwy parod i addasu ac yn fwy hyblyg.
Soy capaz de utilizar la tecnología de forma eficiente.	Rwy'n gallu defnyddio technoleg yn effeithiol.
Si fuera más responsable, tendría más capacidad de liderazgo.	Pe bawn i'n fwy cyfrifol, byddai gen i fwy o allu i arwain.
Lo más importante es crear una buena primera impresión.	Y peth pwysicaf yw gwneud argraff gyntaf dda.
Creo que lo más esencial en la vida es poder comunicarse con los demás.	Rwy'n credu mai'r peth pwysicaf mewn bywyd yw gallu cyfathrebu ag eraill.
Mi mayor fortaleza es mi habilidad para mantenerme centrado en mi trabajo.	Fy nghryfder mwyaf yw fy ngallu i ganolbwyntio ar fy ngwaith.
Diría que la creatividad es mi mejor atributo.	Byddwn i'n dweud mai creadigrwydd yw fy nodwedd orau.
Mi capacidad para trabajar en equipo ha sido siempre mi fuerte.	Fy ngallu i weithio mewn tîm fu fy nghryfder i erioed.
Una de mis debilidades es que suelo ser un poco desorganizado/a.	Un o fy ngwendidau yw fy mod fel arfer ychydig yn anhrefnus.
En cuanto a mis defectos, tengo que admitir que me estreso rápidamente.	O ran fy ngwendidau, mae'n rhaid i mi gyfaddef fy mod i'n teimlo straen yn hawdd.
Intentaré cambiar los rasgos que me molestan.	Byddaf i'n ceisio newid y nodweddion sy'n fy ngwylltio i.
Lo más importante para mí es el reto de iniciar proyectos porque me encanta asumir riesgos.	Y peth pwysicaf i mi yw'r her o gychwyn projectau gan fy mod i'n caru cymryd risgiau.
Prefiero liderar grupos y tomar muchas decisiones.	Mae'n well gen i arwain grwpiau a gwneud llawer o benderfyniadau.
En cuanto a mis fortalezas, aprendo con facilidad y siempre pienso antes de actuar.	O ran fy nghryfderau, rwy'n dysgu yn hawdd ac rydw i bob amser yn meddwl cyn gweithredu.
Siempre he sido muy ambicioso/a.	Rydw i wedi bod yn uchelgeisiol iawn erioed.

Gallwch chi wneud brawddeg gyffredin yn llawer mwy trawiadol drwy ddefnyddio amrywiaeth o ddilynianwyr a chysyllteiriau.
Dyma rai ymadroddion i'ch helpu i wella ansawdd eich atebion – ceisiwch amrywio eich Sbaeneg cymaint â phosibl.

primero – cyntaf
primeramente – yn gyntaf
en primer lugar – yn y lle cyntaf
en otras palabras/dicho de otra manera/dicho de otro modo – mewn geiriau eraill
por último/finalmente/por fin – yn olaf
en cambio/por otro lado/por otra parte – ar y llaw arall
de hecho/en realidad/en efecto/efectivamente – mewn gwirionedd
no obstante/sin embargo – serch hynny
por lo tanto/por consiguiente/por eso – felly
por desgracia/desgraciadamente – yn anffodus

TASG ARHOLIAD

Ysgrifennwch un frawddeg lawn yn Sbaeneg ar gyfer pob swydd.

- meddyg
- athro/athrawes
- peilot
- swyddog yr heddlu
- ysgrifennydd
- technegydd TG

Edrychwch ar y dasg arholiad ar dudalen 95. Ceisiwch ddefnyddio peth o'r eirfa i'ch helpu yn y dasg hon.

ASTUDIAETH ÔL-16

¿Quieres continuar con tus estudios el año que viene? ¿Por qué (no)?
Wyt ti eisiau parhau i astudio y flwyddyn nesaf? Pam (ddim)?

> La verdad es que la vida escolar me estresa mucho, pero tengo la intención de encontrar un buen trabajo en el futuro entonces tendré que continuar con mis estudios. Voy a estudiar inglés, historia y francés.
> Yn fy marn i, mae bywyd ysgol yn achosi straen, ond rwy'n bwriadu dod o hyd i swydd dda yn y dyfodol felly byddaf i'n parhau â'm hastudiaethau y flwyddyn nesaf. Rwy'n mynd i astudio Saesneg, Hanes a Ffrangeg.

¿Te gustaría ir a la universidad? ¿Por qué (no)?
Hoffet ti fynd i'r brifysgol? Pam (ddim)?

> Cuando era pequeño/a, mi sueño era ir a la universidad para hacerme abogado/a, pero he cambiado de opinión. Creo que la formación sería demasiado larga y aburrida y también sería muy cara.
> Pan oeddwn i'n iau, fy mreuddwyd oedd mynd i'r brifysgol i fod yn gyfreithiwr, ond rydw i wedi newid fy meddwl. Rwy'n meddwl y byddai'r hyfforddiant yn rhy hir a diflas ac y byddai'n rhy ddrud.

¿Es esencial para los jóvenes ir a la universidad?
A yw hi'n hanfodol bod pobl ifanc yn mynd i'r brifysgol?

> Por supuesto, los títulos pueden ayudarnos en el mercado laboral, pero hay otras formas de tener éxito en el mundo. Para tener una vida exitosa hay que ser una persona ambiciosa y trabajadora.
> Wrth gwrs gall graddau ein helpu yn y farchnad swyddi, ond mae ffyrdd eraill o lwyddo yn y byd. I lwyddo mewn bywyd, mae angen i chi fod yn weithgar ac yn uchelgeisiol.

¿Cuáles son las ventajas de un año sabático?
Beth yw manteision blwyddyn allan?

> Pienso que un año sabático puede enriquecer la vida. Por ejemplo, se puede aprender una nueva lengua o explorar el mundo.
> Rwy'n meddwl y gall blwyddyn allan gyfoethogi bywyd. Er enghraifft, gallech chi ddysgu iaith newydd neu fynd i weld y byd.

¿Crees que la universidad es demasiado cara? ¿Por qué (no)?
Wyt ti'n meddwl bod y brifysgol yn rhy ddrud? Pam (ddim)?

> Es verdad que estudiar es cada vez más caro, y tengo que admitir que no sé si vale la pena. Mis padres quieren que vaya a la universidad, pero personalmente preferiría encontrar un buen trabajo.
>
> Mae'n wir bod astudio yn mynd yn fwy ac yn fwy drud, ac mae'n rhaid i mi gyfaddef nad ydw i'n gwybod a yw'n werth hynny. Mae fy rhieni am i mi fynd i'r brifysgol, ond yn bersonol byddai'n well gen i ddod o hyd i swydd dda.

Yn yr uned hon, bydd o gymorth os gallwch chi ddeall a defnyddio iaith berswâd a bydd angen i chi ofyn cwestiynau hefyd.

Dysgwch a defnyddiwch yr ymadroddion canlynol a chofiwch amrywio eich Sbaeneg.

Mynegi gobaith:
Espero … – Rwy'n gobeithio …
Tengo el deseo de … – Mae gen i awydd i …
Tengo ganas de … – Rwy'n awyddus i …

Gofyn am/rhoi gwybodaeth:
¿Podría explicar …? – Allwch chi esbonio …? (ffurfiol)
¿Podría decirme …? – Allwch chi ddweud wrtha i…? (ffurfiol)
¿Sería posible …? – A fyddai'n bosibl …?

Mynegi bwriad:
Tengo la intención de … – Rwy'n bwriadu …
Mi objetivo (personal) es … – Fy amcan (personol) yw …

Mynegi diddordeb:
Estoy particularmente interesado/a en … – Mae gen i ddiddordeb arbennig mewn …
Me entusiasma(n) … – Rwy'n frwdfrydig am …
Me apasiona(n) … – Rwy'n frwd dros …
Me fascina(n) … – Rwy'n cael fy nghyfareddu gan …

TASG ARHOLIAD

Cyfieithwch y brawddegau canlynol i'r Gymraeg:
1. No tengo la intención de ir a la universidad, porque es demasiado cara.
2. Voy a dejar el colegio después de mis exámenes porque preferiría ganar mucho dinero.
3. Tuve una entrevista ayer por la tarde y estaba bastante nervioso.
4. Estoy dispuesto a estudiar duro y espero sacar buenas notas.
5. Los negocios siempre me han interesado y mi objetivo es trabajar en una empresa muy grande.

Cadwch olwg am feintiolwyr a chryfhawyr – e.e. demasiado, mucho, bastante, muy, etc. – a gwnewch yn siŵr eich bod chi'n eu cyfieithu nhw. Byddwch chi'n colli marciau os byddwch chi'n gadael geiriau allan.

ASTUDIAETH ÔL-16

YMADRODDION DEFNYDDIOL

Si no apruebo mis exámenes, haré un aprendizaje.	Os nad ydw i'n pasio fy arholiadau, byddaf i'n gwneud prentisiaeth.
A corto plazo, quiero terminar mis estudios para ingresar en la universidad.	Yn y tymor byr, rydw i eisiau gorffen fy astudiaethau er mwyn mynd i'r brifysgol.
Me gustaría ir a un nuevo instituto el año que viene para aprender cosas nuevas.	Hoffwn i fynd i ysgol newydd y flwyddyn nesaf i ddysgu pethau newydd.
Continuar con mis estudios me aportará experiencias inolvidables.	Bydd parhau â'm hastudiaethau yn rhoi profiadau bythgofiadwy i mi.
Tengo varios objetivos para los próximos años.	Mae gen i wahanol amcanion ar gyfer y blynyddoedd nesaf.
Mis padres me obligaron a continuar con mis estudios.	Gorfododd fy rhieni fi i barhau â'm hastudiaethau.
Estudiar en un nuevo instituto me plantearía numerosos retos.	Byddai astudio mewn ysgol newydd yn cynnig llawer o heriau i mi.
Mis profesores me ayudarán a obtener buenas cualificaciones.	Bydd fy athrawon yn fy helpu i gael cymwysterau da.
No quiero ir a la universidad, porque es demasiado cara.	Dydw i ddim eisiau mynd i'r brifysgol, oherwydd mae'n rhy ddrud.
Voy a dejar el colegio después de mis exámenes porque me gustaría ganar dinero.	Rwy'n mynd i adael yr ysgol ar ôl fy arholiadau oherwydd hoffwn i ennill arian.
Si voy a la universidad, tendré mejores oportunidades laborales en el futuro.	Os af i i'r brifysgol, bydd gen i well cyfleoedd am swydd yn y dyfodol.
Mi instituto tiene una buena reputación y me ofrecerá la oportunidad de prepararme para la universidad.	Mae gan fy ysgol i enw da a bydd yn cynnig cyfle i mi baratoi ar gyfer y brifysgol.
Estoy dispuesto/a a estudiar duro y espero sacar buenas notas.	Rwy'n barod i weithio'n galed ac rwy'n gobeithio cael graddau da.
Siempre me ha interesado le tecnología, por eso estudiaré informática el año que viene.	Rydw i bob amser wedi bod â diddordeb mewn technoleg, felly byddaf i'n astudio TGCh y flwyddyn nesaf.
Desde joven he querido estudiar idiomas porque voy a vivir en el extranjero en el futuro.	Ers pan oeddwn i'n ifanc, rydw i wedi bod eisiau astudio ieithoedd gan fy mod i'n mynd i fyw dramor yn y dyfodol.

Tengo la intención de ir a la universidad, pero no quiero vivir lejos.	Rwy'n bwriadu mynd i'r brifysgol, ond dydw i ddim eisiau byw ymhell i ffwrdd.
Mis padres dicen que los estudios son muy importantes.	Mae fy rhieni yn dweud bod astudio yn bwysig iawn.
Siempre he querido ampliar mis horizontes.	Rydw i bob amser wedi bod eisiau ehangu fy ngorwelion.
He aprendido innumerables cosas a través del colegio.	Rydw i wedi dysgu pob math o bethau yn yr ysgol.
Preferiría hacer un curso de formación profesional.	Byddai'n well gen i wneud cwrs galwedigaethol.
Estoy harto/a de estudiar, por eso voy a solicitar un trabajo que ofrece formación.	Rydw i wedi cael llond bol ar astudio, felly rwy'n mynd i wneud cais am swydd sy'n cynnig hyfforddiant.

Peidiwch â phoeni os nad ydych chi'n deall y cwestiwn i ddechrau. Fyddwch chi ddim yn colli marciau os gofynnwch chi i'r athro/athrawes ailadrodd beth ddywedon nhw.

Dyma rai ymadroddion defnyddiol yn Sbaeneg:

No entiendo/no comprendo – Dydw i ddim yn deall

Todavía no entiendo/no comprendo – Dydw i ddim yn deall o hyd

¿Puedes repetir (lo), por favor? – Allwch chi (ei) ailadrodd os gwelwch yn dda?

¿Puedes repetir la pregunta? – Allwch chi ailadrodd y cwestiwn?

¿Qué quiere decir? – Beth yw ystyr hyn?

Perdón – Sori/mae'n ddrwg gen i

Lo siento – Mae'n ddrwg gen i

Dyma rai enghreifftiau o gwestiynau sgwrs:

- ¿Cuáles son tus planes para el año que viene? Beth yw dy gynlluniau di ar gyfer y flwyddyn nesaf?
- ¿Qué te gustaría estudiar en la universidad? Beth hoffet ti ei astudio yn y brifysgol?
- ¿Qué haces para contribuir a la vida escolar? Beth rwyt ti'n ei wneud i gyfrannu at fywyd ysgol?
- ¿Por qué elegiste tus asignaturas? Pam dewisaist ti dy bynciau?
- ¿Crees que el instituto prepara a los jóvenes para el futuro? Wyt ti'n meddwl bod ysgol yn paratoi pobl ifanc ar gyfer y dyfodol?
- ¿Cuáles son las ventajas de cambiar de instituto después de los exámenes? Beth yw manteision newid ysgol ar ôl dy arholiadau?

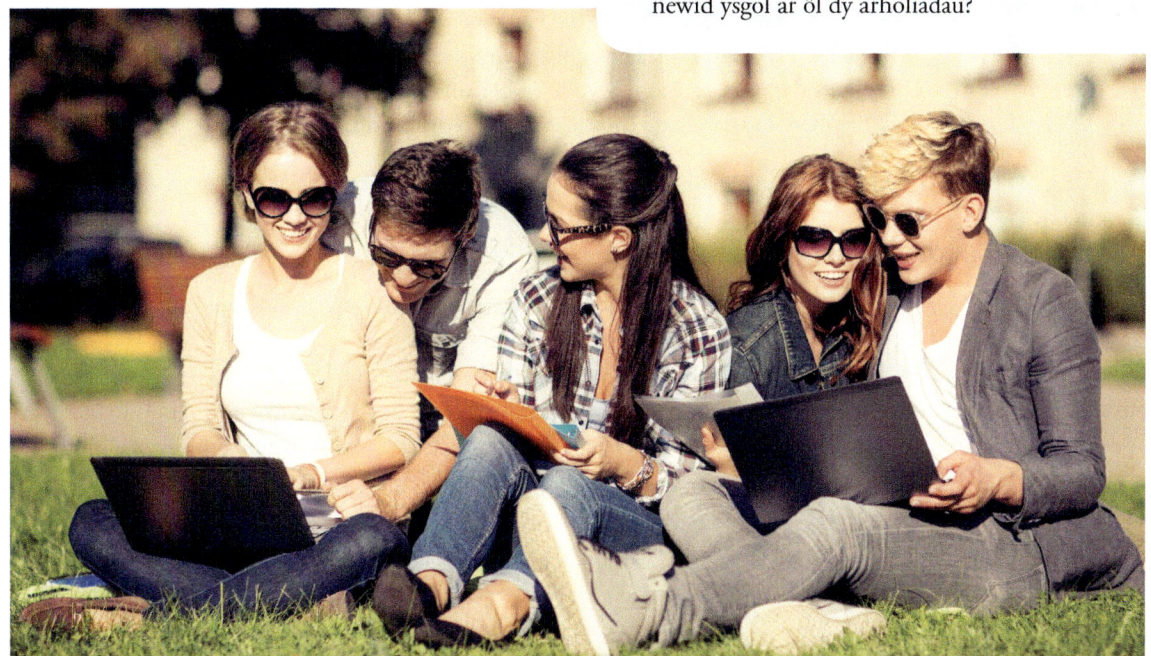

CYNLLUNIAU GYRFA

¿Qué quieres hacer más tarde en la vida?
Beth rwyt ti am ei wneud yn ddiweddarach mewn bywyd?

Si apruebo mis exámenes, iré a la universidad, pero no sé que voy a estudiar. Después de terminar mis estudios, espero encontrar un trabajo interesante y bien pagado.
Os pasiaf i fy arholiadau, byddaf i'n mynd i'r brifysgol, ond dydw i ddim yn gwybod beth rwy'n mynd i'w astudio. Ar ôl fy astudiaethau, hoffwn i ddod o hyd i swydd ddiddorol sy'n talu'n dda.

¿Es difícil para los jóvenes encontrar un buen trabajo? ¿Por qué (no)?
A yw hi'n anodd i bobl ifanc ddod o hyd i swydd dda? Pam (ddim)?

No sé por qué es tan difícil encontrar un trabajo hoy en día. Hay mucho desempleo e imagino que no hay suficientes trabajos para los jóvenes que no tienen experiencia.
Dydw i ddim yn gwybod pam mae mor anodd dod o hyd i swydd y dyddiau hyn. Mae llawer o ddiweithdra ac rwy'n tybio nad oes digon o swyddi i bobl ifanc sydd heb brofiad.

¿Te gustaría trabajar en el extranjero en el futuro? ¿Por qué (no)?
Hoffet ti weithio dramor yn y dyfodol? Pam (ddim)?

Para mí, trabajar en el extranjero es una buena idea porque se pueden desarrollar nuevas habilidades. Personalmente, me encantaría trabajar en los Estados Unidos porque allí hay muchas oportunidades.
Yn fy marn i, mae gweithio dramor yn syniad da oherwydd gallwch chi ddatblygu sgiliau newydd. Yn bersonol, byddwn i'n caru gweithio yn yr Unol Daleithiau achos mae llawer o gyfleoedd yno.

¿Cómo será tu vida en diez años?
Sut beth fydd dy fywyd mewn deng mlynedd?

¡Espero ser rico/a y feliz! Habré terminado mis estudios y tendré un trabajo gratificante. Viviré en una casa enorme con una piscina y me gustaría casarme y tener hijos.
Rwy'n gobeithio bod yn gyfoethog ac yn hapus! Byddaf i wedi gorffen astudio a bydd gen i swydd sy'n rhoi boddhad. Byddaf i'n byw mewn tŷ mawr â phwll nofio a hoffwn i briodi a chael plant.

MENTER, CYFLOGADWYEDD A CHYNLLUNIAU AR GYFER Y DYFODOL | **103**

¿Qué querías hacer cuando eras pequeño/a?
Beth roeddet ti eisiau ei wneud pan oeddet ti'n iau?

Defnyddio'r gorffennol i siarad am gynlluniau ar gyfer y dyfodol

Hyd yn oed pan fyddwch chi'n siarad am eich cynlluniau ar gyfer y dyfodol, mae'n bosibl y bydd hefyd angen i chi siarad am y gorffennol er mwyn cymharu – e.e. **En el pasado quería ir a la universidad, pero ahora prefiero la idea de buscar un trabajo.** (Yn y gorffennol, roeddwn i eisiau mynd i'r brifysgol ond nawr mae'n well gen i'r syniad o chwilio am swydd.)

Dyma rai ymadroddion defnyddiol yn yr amser amherffaith:

en el pasado, tenía ganas de ... – yn y gorffennol roeddwn i eisiau ...

hace unos años, tenía la intención de ... – ychydig flynyddoedd yn ôl, roeddwn i'n bwriadu ...

cuando era más joven, mi trabajo ideal era ... – pan oeddwn i'n iau, fy swydd ddelfrydol oedd ...

siempre esperaba/quería ... – roeddwn i bob amser yn gobeithio/eisiau ...

Cynlluniau ar gyfer y dyfodol

Er y gallwch chi drafod digwyddiadau a chynlluniau sy'n digwydd cyn bo hir drwy ddefnyddio'r amser dyfodol, cofiwch y gallwch chi hefyd ddefnyddio'r dyfodol agos drwy ddefnyddio **ir a + berfenw** – e.e. **voy a estudiar** historia (Rwy'n mynd i astudio Hanes). Gallwch chi hefyd ddefnyddio'r ymadroddion canlynol i siarad am y dyfodol:

- **querer + berfenw** (eisiau …) – e.e. **quiero estudiar en un nuevo instituto** (Rydw i eisiau astudio mewn ysgol newydd)
- **tener ganas de + berfenw** (eisiau …) – e.e. **tengo ganas de ir** a la universidad (Rydw i eisiau mynd i'r brifysgol)
- **esperar + berfenw** (gobeithio …) – e.e. **espero sacar buenas notas** (Rwy'n gobeithio cael graddau da)
- **tener la intención de + berfenw** (bwriadu …) – e.e. **tengo la intención de continuar** con mis estudios (Rwy'n bwriadu parhau â'm hastudiaethau)

Gallwch chi hefyd ddefnyddio **quisiera/me gustaría** i ddweud beth hoffech chi ei wneud.

En el pasado, siempre soñaba con ser cantante porque quería ser famoso/a. Ahora no tengo ningún deseo de ser famoso/a, ¡no me interesa nada!
Yn y gorffennol roeddwn i bob amser yn breuddwydio am fod yn ganwr/gantores oherwydd roeddwn i eisiau bod yn enwog. Nawr does gen i ddim awydd bod yn enwog – nid yw o ddiddordeb i mi o gwbl!

Atebwch y cwestiynau yn Gymraeg.

Conviértete en un profesional cualificado en liderazgo y visión global. Consigue un título superior y prepárate para acceder a una profesión en dos años. Te ofrecemos apoyo personalizado, un mentor personal y conexión con más de 2.700 empresas.

La calidad de los profesores, el uso de tecnología en las clases, el enfoque internacional en un campus, la mejora de tu nivel de inglés y la posibilidad de realizar intercambios internacionales, todos te ayudarán a convertirte en un gran profesional.

1. Am beth byddwch chi'n dysgu ar y cwrs? Rhowch **un** manylyn.
2. Pa mor hir mae'r cwrs yn para?
3. Beth maen nhw'n ei gynnig? Rhowch **ddau** fanylyn.
4. Beth fydd yn eich helpu i ddod yn broffesiynol? Rhowch **dri** manylyn.

CYNLLUNIAU GYRFA

YMADRODDION DEFNYDDIOL

En el futuro espero hacer muchas cosas y vivir muchas experiencias.	Yn y dyfodol, rwy'n gobeithio gwneud llawer o bethau a chael llawer o brofiadau.
Cuando termine mis estudios, buscaré un trabajo con un salario alto.	Pan fyddaf i'n gorffen fy astudiaethau, byddaf i'n chwilio am swydd â chyflog uchel.
Preferiría trabajar para mí mismo y ser mi propio jefe.	Byddai'n well gen i weithio i mi fy hun a bod yn fòs arnaf i fy hun.
Voy a ahorrar mucho dinero para comprar una casa.	Rwy'n mynd i gynilo llawer o arian i brynu tŷ.
Siempre he querido ser profesor/a porque el trabajo me inspira.	Rydw i bob amser wedi bod eisiau bod yn athro/athrawes gan fod y gwaith yn fy ysbrydoli i.
Espero encontrar un trabajo cerca/lejos de donde vivo.	Rwy'n gobeithio dod o hyd i swydd yn agos i/ymhell o lle rwy'n byw.
Tengo que admitir que no tengo ninguna idea de lo que quiero hacer en el futuro.	Mae'n rhaid i mi gyfaddef nad oes gen i unrhyw syniad beth hoffwn i ei wneud yn y dyfodol.
Todavía no he decido lo que voy a hacer como trabajo.	Dydw i ddim wedi penderfynu eto pa swydd rydw i am ei gwneud.
Como todo el mundo, no quiero estar en paro.	Fel pawb, dydw i ddim eisiau bod yn ddi-waith.
No quiero un trabajo monótono.	Dydw i ddim eisiau cael swydd undonog.
Estoy abierto/a a nuevas oportunidades.	Rwy'n agored i gyfleoedd newydd.
No tengo ni la más remota idea de qué hacer con mi vida.	Does gen i ddim y syniad lleiaf beth i'w wneud â fy mywyd.
Quisiera encontrar un trabajo que me apasione.	Hoffwn i ddod o hyd i swydd rwy'n frwd amdani.
Después de mis estudios, me gustaría vivir en Australia.	Ar ôl fy astudiaethau, hoffwn i fyw yn Awstralia.
Espero trabajar en el extranjero para mejorar mis conocimientos lingüísticos.	Rwy'n gobeithio gweithio dramor er mwyn gwella fy sgiliau ieithyddol.
Cuando tenía diez años mi sueño era ser astronauta.	Pan oeddwn i'n ddeg oed, roeddwn i'n breuddwydio am fod yn ofodwr.
Hace unos años tenia la intención de estudiar contabilidad.	Ychydig flynyddoedd yn ôl, roeddwn i'n bwriadu astudio Cyfrifeg.
Siempre me han interesado los negocios.	Rydw i bob amser wedi bod â diddordeb mewn busnes.

Si tuviera la oportunidad, estudiaría un máster al acabar la carrera.	Pe bawn i'n cael cyfle, byddwn i'n astudio am radd meistr ar ôl fy ngradd.
Cuando era más joven quería ser profesor/a, pero ahora preferiría estudiar medicina.	Pan oeddwn i'n iau, roeddwn i eisiau bod yn athro/athrawes, ond nawr byddai'n well gen i astudio meddygaeth.

Dyma rai ymadroddion amser ar gyfer sôn am eich cynlluniau ar gyfer y dyfodol:

- en el futuro – yn y dyfodol
- en primer lugar – yn y lle cyntaf
- luego – yna
- después de terminar mis estudios – ar ôl gorffen fy astudiaethau
- al acabar la carrera – ar ôl gorffen fy ngradd
- en los próximos cinco años – yn ystod y pum mlynedd nesaf
- a corto plazo – yn y tymor byr
- a largo plazo – yn y tymor hir
- más adelante – ymhellach ymlaen

Cyfieithwch y paragraff canlynol i'r Sbaeneg:

Rydw i eisiau teithio i lawer o leoedd ar ôl y brifysgol. Yn y tymor byr, hoffwn i dreulio blwyddyn allan dramor. Rwy'n gobeithio gweithio mewn cwmni rhyngwladol a dysgu am wahanol ddiwylliannau. Byddai'n brofiad bythgofiadwy. Pan oeddwn i'n iau, roeddwn i bob amser eisiau dysgu iaith newydd.

TASG ARHOLIAD

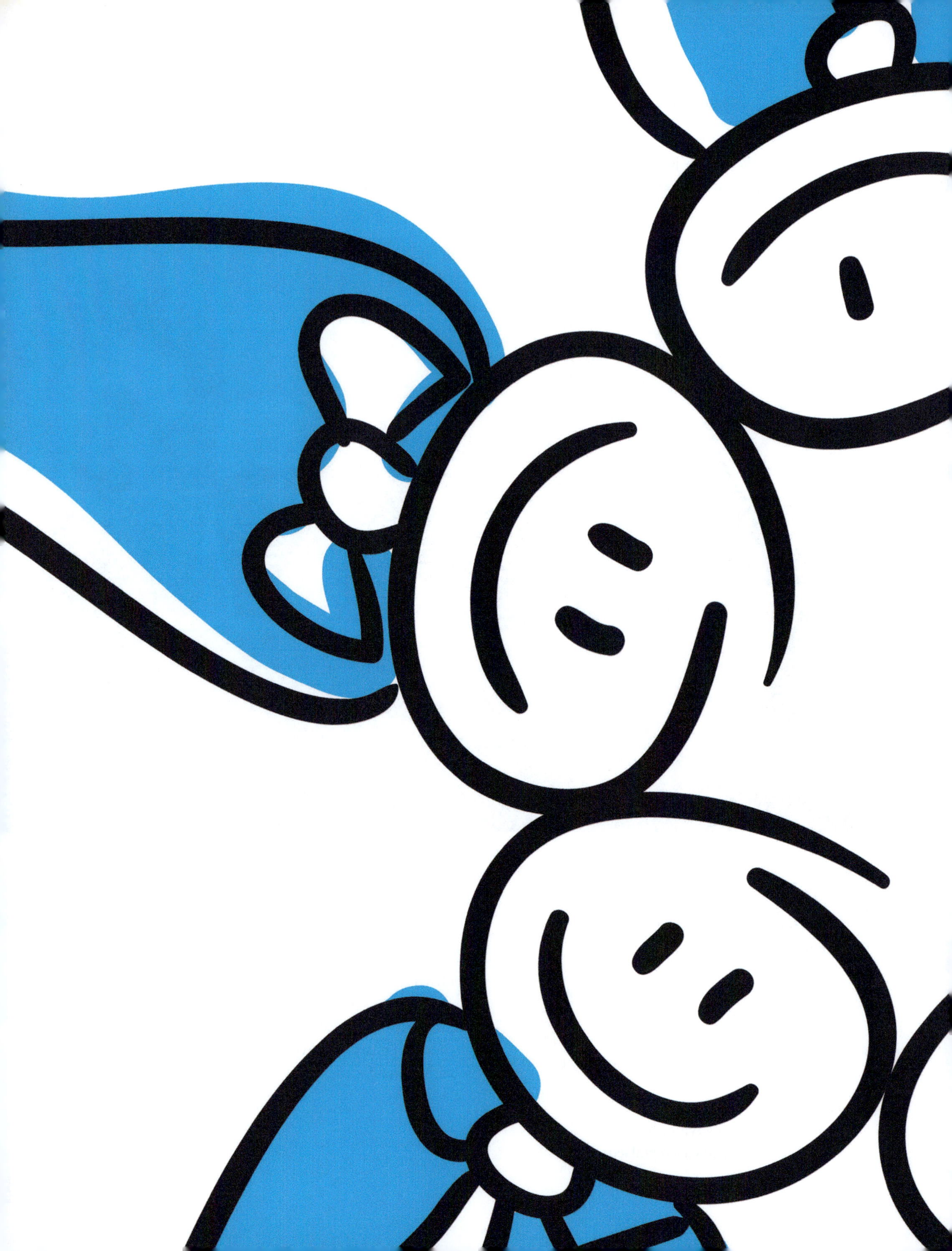

GRAMADEG

TERMAU GRAMADEG

Mae'n bwysig deall ystyr y termau hyn oherwydd byddan nhw'n cael eu defnyddio'n rheolaidd yn ystod eich cwrs TGAU.

Adferfau: Mae adferfau'n disgrifio berfau (ac weithiau ansoddeiriau ac adferfau eraill). Maen nhw'n ateb y cwestiynau: sut, pryd, ble – e.e. yn rheolaidd.

Amser: Newid yn y ferf i ddisgrifio gweithredoedd sy'n digwydd yn y gorffennol, y presennol, y dyfodol neu'r amodol.

Ansoddeiriau: Disgrifio enwau mae ansoddeiriau. Maen nhw'n ateb y cwestiynau: pa, pa fath o, faint – e.e. mawr.

Ansoddeiriau dangosol: Geiriau sy'n dangos neu'n cyfeirio at rywbeth e.e. hwn, hwnnw; hon, honno; hyn, hynny.

Arddodiaid: Mae'r rhain yn eiriau sy'n helpu i ddisgrifio lleoliad rhywbeth neu'n rhoi gwybodaeth ychwanegol – e.e. yn, ar.

Berfau: Geiriau gweithredu yw'r rhain sy'n gwneud rhywbeth mewn brawddeg.

Berfau afreolaidd: Berfau sydd ddim yn dilyn patrymau rheolaidd ac sydd â ffurfiau gwahanol. Fel arfer mae'n rhaid dysgu'r rhain ar eich cof.

Berfau atblygol: Mae berfau atblygol yn disgrifio gweithred mae goddrych y frawddeg yn ei gwneud iddo'i hun – e.e. *vertirse* (gwisgo).

Berfenw: Dyma ffurf y ferf rydych chi'n ei gweld yn y geiriadur. Yn Sbaeneg, mae'n gorffen gydag *ar, er* neu *ir*.

Cenedl: Mae cenedl yn nodi a yw enw yn wrywaidd neu'n fenywaidd.

Cyfystyron: Geiriau sydd â'r un ystyr.

Cysylltair: Gair neu ymadrodd sy'n cysylltu dau syniad neu rannau o frawddeg – e.e. oherwydd.

Enwau: Geiriau sy'n enwi person, lle, peth neu syniad.

Ffurfiau gorchmynnol: Ffurfiau berfol sy'n cael eu defnyddio wrth roi cyfarwyddiadau neu orchmynion – e.e. stopiwch!

Goddrych: Y person neu'r peth yn y frawddeg sy'n gwneud y weithred.

Gradd eithaf: Yr eithaf yw'r *mwyaf* o rywbeth – e.e. y gorau, y gwaethaf, y mwyaf.

Gradd gymharol: Mae hon yn ffurf ar ansoddair. Mae'n cael ei defnyddio wrth gymharu dau beth – e.e. yn well.

Gwrthrych: Y gwrthrych yw'r person/peth mewn brawddeg y mae'r weithred yn digwydd iddo.

Lluosog: Mwy nag un eitem.

Rhagenwau: Mae rhagenwau'n cael eu defnyddio yn lle enwau mewn brawddeg.

Rhagenwau meddiannol: Mae'r rhain yn eiriau sy'n awgrymu perchenogaeth – e.e. fy nhŷ.

Unigol: Yn cyfeirio at un eitem yn unig (yn hytrach na'r lluosog am fwy nag un eitem).

Y fannod: Y fannod bendant (y, yr, 'r) a'r fannod amhendant (*a/an* yn Saesneg).

Peidiwch ag ofni pan welwch chi'r rhestr ramadeg ganlynol! Rhestr yw hon o **bob** pwynt gramadeg a allai ymddangos yn TGAU. Ni fydd angen i chi ddefnyddio'r pwyntiau gramadeg hyn i gyd eich hun, ond bydd yn help os gallwch chi adnabod gwahanol nodweddion ieithyddol. Mae'r adran gyfeirio hon yn golygu y gallwch chi chwilio am unrhyw dermau gramadeg sy'n eich drysu. Hefyd, mae ymarferion gramadeg drwy'r llyfr i chi gael ymarfer yr hyn rydych chi'n ei wybod. Bydd y tablau berfau ar ddiwedd yr adran hon yn ddefnyddiol wrth i chi adolygu ar gyfer eich arholiadau siarad ac ysgrifennu.

ENWAU

GWRYWAIDD A BENYWAIDD

Mae enwau yn eiriau sy'n enwi pethau, pobl a syniadau. Yn Sbaeneg, mae pob enw naill ai'n wrywaidd neu'n fenywaidd.

Fel arfer, mae enwau sy'n gorffen gydag o yn wrywaidd ac enwau sy'n gorffen gydag a yn fenywaidd, ond mae rhai eithriadau – e.e. el problema, el planeta, la mano, la foto.

Mae enwau sy'n gorffen gydag or, ón ac és yn tueddu i fod yn wrywaidd, ond mae geiriau sy'n gorffen gydag ión, dad a tad yn fenywaidd fel arfer.

UNIGOL A LLUOSOG

I wneud enwau yn lluosog, fel arfer rydych chi'n:

- Ychwanegu s at enwau sy'n gorffen gyda llafariad – e.e. libro → libros
- Ychwanegu es at enwau sy'n gorffen gyda chytsain – e.e. ciudad → ciudades
- Tynnu'r z ac ychwanegu ces at enwau sy'n gorffen gyda z – e.e. vez → veces
- Ychwanegu es at enwau sy'n gorffen gydag ión ond tynnwch yr acen – e.e. región → regiones

FFURFIAU'R FANNOD

FFURFIAU'R FANNOD BENDANT (EL/LA/LOS/LAS)

Yn Sbaeneg, mae'r gair am *y/yr/'r* yn newid yn ôl a yw'r enw sy'n mynd gydag e yn wrywaidd, yn fenywaidd, yn unigol neu'n lluosog – e.e. **el** hermano → **los** hermanos, **la** casa → **las** casas.

FFURFIAU'R FANNOD AMHENDANT (UN/UNA/UNOS/UNAS)

Mae'r gair am *un* neu *rhai* hefyd yn newid yn ôl a yw'r enw sy'n mynd gydag ef yn wrywaidd, yn fenywaidd, yn unigol neu'n lluosog – e.e. **un** coche → **unos** coches, **una** revista → **unas** revistas.

Does dim rhaid i chi ddefnyddio'r fannod amhendant pan fyddwch chi'n sôn am swyddi – e.e. mi primo es profesor – neu pan mae'n dod ar ôl y ferf tener mewn brawddegau negyddol – e.e. no tengo abrigo.

Y FANNOD DDIRYW (LO)

Gallwch chi ddefnyddio **lo + ansoddair** i olygu 'y peth …'. Mae'r ansoddair ar ôl **lo** bob amser yn wrywaidd ac yn unigol – e.e. lo importante (y peth pwysig).

Gallwch chi hefyd ddefnyddio **lo + ansoddair + es que** fel ffordd dda iawn o ddechrau brawddeg – e.e. lo positivo es que … (y peth cadarnhaol yw bod …) neu gallwch chi ddefnyddio **lo + ansoddair + es + berfenw** – e.e. lo bueno es ganar dinero (y peth da yw ennill arian).

ANSODDEIRIAU

GWNEUD I ANSODDEIRIAU GYTUNO Â'R ENW

Yn Sbaeneg, mae gan bob ansoddair (gair sy'n disgrifio enwau, pobl, lleoedd a phethau) derfyniadau gwahanol yn ôl a yw'r gair maen nhw'n ei ddisgrifio yn wrywaidd, yn fenywaidd, yn unigol neu'n lluosog. Mewn geiriau eraill, mae'n rhaid i ansoddeiriau bob amser gytuno â'r enw. Fel arfer, maen nhw'n dilyn y patrymau hyn:

Ansoddeiriau yn gorffen gyda:	Unigol gwrywaidd	Unigol benywaidd	Lluosog gwrywaidd	Lluosog benywaidd
o/a	pequeño	pequeña	pequeños	pequeñas
e	grande	grande	grandes	grandes
or/ora	trabajador	trabajadora	trabajadores	trabajadoras
cytsain	azul	azul	azules	azules

Mae ansoddeiriau cenedl yn gorffen yn aml gydag **o** ac yn dilyn yr un patrymau â'r hyn sydd yn y tabl. Mae rhai ansoddeiriau cenedl sy'n gorffen gyda chytsain yn dilyn patrwm ychydig yn wahanol:

Gorffen gydag s	inglés	inglesa	ingleses	inglesas
Gorffen gydag l	español	española	españoles	españolas

Nid yw rhai ansoddeiriau yn newid o gwbl – e.e. rosa, naranja, cada.

SAFLE ANSODDEIRIAU

Mae'r rhan fwyaf o ansoddeiriau yn Sbaeneg yn mynd ar ôl yr enw maen nhw'n ei ddisgrifio – e.e. un instituto grande, ond mae rhai bob amser yn dod cyn yr enw – e.e. poco, mucho, próximo, ultimo, alguno, ninguno, primero, segundo, tercera.

Mae rhai ansoddeiriau'n cael eu byrhau pan fyddan nhw'n dod o flaen enw unigol gwrywaidd:

  bueno → buen – da – e.e. es un **buen** colegio
  malo → mal – drwg – e.e. hace **mal** tiempo
  primero → primer – cyntaf – e.e. es el **primer** día
  tercero → tercer – trydydd/trydedd – e.e. es mi **tercer** examen del día
  alguno → algún – rhai/unrhyw – e.e. prefiero hacer **algún** deporte
  ninguno → ningún – dim – e.e. no tengo **ningún** libro

Sylwch fod acen yn cael ei hychwanegu at algún a ningún.

Mae ystyr grande (mawr) yn newid i olygu 'gwych/pwysig' pan fydd yn dod o flaen enw. Mae hefyd yn cael ei fyrhau cyn enwau gwrywaidd a benywaidd – e.e. un **gran** colegio, una **gran** película.

GRADDAU CYMHAROL AC EITHAF

Mae ansoddeiriau cymharol yn cael eu defnyddio i gymharu dau beth ac i ddweud bod un yn fwy, yn llai, yn well, etc. na'r llall.

Mae ansoddeiriau eithaf yn cael eu defnyddio i gymharu dau beth ac i ddweud pa un yw'r gorau, y gwaethaf, y mwyaf, etc.

I ffurfio'r radd gymharol, gallwch chi ddefnyddio'r strwythurau canlynol:

- **más** + ansoddair + **que** (mwy … na) – e.e. Madrid es **más grande que** Toledo (mae Madrid yn fwy na Toledo)
- **menos** + ansoddair + **que** (llai … na) – e.e. el campo es **menos ruidoso que** la ciudad (mae'r wlad yn llai swnllyd na'r ddinas)
- **tan** + ansoddair + **como** (mor … â) – e.e. la película es **tan interesante como** el libro (mae'r ffilm mor ddiddorol â'r llyfr)

Mae'r radd eithaf yn cael ei ffurfio drwy ddefnyddio ffurf gywir yr ansoddair gyda'r strwythur canlynol:

- **el/la/los/las** + **más/menos** + ansoddair – e.e. mi casa es **la más grande** (fy nhŷ i yw'r mwyaf)

Mae graddau cymharol ac eithaf sy'n afreolaidd hefyd – e.e. es la **peor** asignatura (dyma'r pwnc gwaethaf):

Ansoddair	Gradd gymharol	Gradd eithaf
bueno (da)	mejor (gwell)	el/la mejor, los/las mejores (y gorau)
malo (gwael)	peor (gwaeth)	el/la peor, los/las peores (y gwaethaf)

Mae dau fath arall arbennig o ffurfiau cymharol afreolaidd – defnyddir **mayor** am 'hŷn' a **menor** am 'iau', fel arfer wrth gyfeirio at frodyr a chwiorydd – e.e. mi hermano **mayor** (fy mrawd hŷn), mis hermanas **menores** (fy chwiorydd iau).

I ychwanegu mwy o bwyslais at ansoddair, gallwch chi hefyd ychwanegu'r terfyniad **ísimo** ar ôl tynnu'r llafariad olaf (lle bo angen) – e.e. bueno → **buenísimo**, malo → **malísimo**. Ffurfiau eithaf annibynnol yw'r enw ar y rhain.

Cyfieithwch y brawddegau canlynol i'r Gymraeg.
1. Para mí, lo más importante es ayudar a los demás.
2. Creo que el peor problema es la inmigración.
3. En mi opinión, la pobreza es más grave que el conflicto.
4. La inmigración es tan seria como el terrorismo.
5. Considero que la situación más urgente es la crisis económica.
6. Es más fácil vender pasteles que pedir donaciones.

ANSODDEIRIAU DANGOSOL (HWN, HON, HYN, HWNNW, HONNO, HYNNY)

Mae tri grŵp o ansoddeiriau dangosol yn Sbaeneg. Mae'n rhaid iddyn nhw gytuno â'r enw maen nhw'n ei ddisgrifio – e.e. me gustan **estos** pasteles (rwy'n hoffi'r cacennau hyn).

	hwn/hon/hyn	hwnnw/honno/hynny (agos)	hwnnw/honno/hynny (pellach i ffwrdd)
Unigol gwrywaidd	este	ese	aquel
Unigol benywaidd	esta	esa	aquella
Lluosog gwrywaidd	estos	esos	aquellos
Lluosog benywaidd	estas	esas	aquellas

ANSODDEIRIAU AMHENDANT

Yr ansoddeiriau amhendant mwyaf cyffredin y byddwch chi'n eu defnyddio yw cada (pob), otro (arall), todo (yr holl), mismo (yr un) ac alguno (rhai, ambell). Mae'n rhaid i bob un ohonyn nhw gytuno â'r enw maen nhw'n ei ddisgrifio heblaw cada sydd byth yn newid.

ANSODDEIRIAU PERTHYNOL (CUYO, CUYA, CUYOS, CUYAS)

Mae cuyo yn golygu 'y mae' ac mae'n rhaid iddo gytuno â'r enw sy'n ei ddilyn – e.e. el colegio, cuyos profesores son muy buenos ... (yr ysgol, y mae ei hathrawon yn dda iawn …).

ANSODDEIRIAU MEDDIANNOL

Rydyn ni'n defnyddio ansoddeiriau meddiannol i fynegi perchenogaeth – e.e. fy, dy/eich, ei. Mae'n rhaid i ansoddeiriau meddiannol gytuno â'r enw sy'n eu dilyn – **nid** y person sy'n 'berchen' ar yr enw – e.e. **mis** padres (fy rhieni), **tus** amigos (dy ffrindiau), **nuestro** profesor (ein hathro).

	Unigol	Lluosog
fy	mi	mis
dy (unigol)	tu	tus
ei ...ef/ei ...hi	su	sus
ein	nuestro/a	nuestros/as
eich (lluosog)	vuestro/a	vuestros/as
eu	su	sus

ANSODDEIRIAU GOFYNNOL

Defnyddiwch ¿Qué? i ofyn 'Beth?' – e.e. ¿Qué te gusta hacer? (Beth rwyt ti'n hoffi ei wneud?). Dydy hyn byth yn newid.

Defnyddiwch ¿Cuál? i ofyn 'Pa?' Mae angen iddo gytuno â'r enw sy'n ei ddilyn – e.e. ¿Cuáles asignaturas prefieres? (Pa bynciau rwyt ti'n eu hoffi?)

Defnyddiwch ¿Cuánto? i ofyn 'Faint?' Eto mae angen iddo gytuno â'r enw sy'n ei ddilyn – e.e. ¿Cuántas asignaturas estudias? (Faint o bynciau rwyt ti'n eu hastudio?)

ADFERFAU

FFURFIO ADFERFAU

Rydych chi'n defnyddio adferfau fel arfer gyda berf i esbonio sut, pryd, ble neu i ba raddau mae rhywbeth yn digwydd. Mewn geiriau eraill, maen nhw'n disgrifio sut mae gweithred yn cael ei gwneud (yn gyflym, yn rheolaidd, yn wael, etc.) – e.e. juego al tenis **raramente** (rwy'n chwarae tennis yn anaml).

Mae llawer o adferfau Sbaeneg yn cael eu ffurfio drwy ychwanegu **mente** at ffurf fenywaidd yr ansoddair – e.e. fácil → fácil**mente**.

Mae rhai adferfau yn hollol afreolaidd – e.e. **bien** (yn dda), **mal** (yn wael) – e.e. habla español muy **bien** (mae e'n siarad Sbaeneg yn dda iawn).

> **GRAMADEG**
>
> Trowch yr ansoddeiriau hyn yn adferfau ac ysgrifennwch frawddeg yn Sbaeneg gan ddefnyddio pob un.
> 1. tranquilo
> 2. rápido
> 3. activo
> 4. frecuente
> 5. malsano

ADFERFAU CYMHAROL AC EITHAF

Fel gydag ansoddeiriau, gallwch chi wneud cymariaethau gydag adferfau gan ddefnyddio **más que** a **menos que** – e.e. llego **menos** rápidamente en tren **que** en autobús (rwy'n cyrraedd yn llai cyflym ar y trên nag ar fws).

Yn yr un modd, gallwch chi hefyd ddefnyddio adferfau eithaf – e.e. ir al cine es la actividad que hago **más regularmente** (mynd i'r sinema yw'r gweithgaredd rwy'n ei wneud amlaf).

ADFERFAU AMSER A LLE

Dyma rai adferfau afreolaidd defnyddiol:

    hoy – heddiw
    mañana – yfory
    ayer – ddoe
    ahora – nawr
    ya – yn barod
    a veces – weithiau
    a menudo – yn aml
    siempre – bob amser
    aquí – yma
    allí – yno

MEINTIOLWYR A CHRYFHAWYR

Ceisiwch ychwanegu manylion at eich Sbaeneg drwy gynnwys meintiolwyr a chryfhawyr – e.e.:

> bastante – digon
> demasiado – gormod/rhy
> un poco – ychydig
> mucho – llawer
> muy – iawn
>
> e.e. Mi colegio es **un poco** antiguo. Los profesores son **demasiado** estrictos.

Rhaid bod yn ofalus gyda demasiado oherwydd gall fod yn ansoddair yn ogystal ag â bod yn adferf, sy'n golygu bod yn rhaid iddo gytuno weithiau â'r enw mae'n ei ddisgrifio – e.e. los deberes son **demasiado** dificiles (mae gwaith cartref yn rhy anodd). Mae demasiado yn disgrifio difícil, sy'n golygu mai adferf ydyw ac nid yw'n newid.

Ond pe baech chi'n dweud tenemos **demasiados** deberes (rydyn ni'n cael gormod o waith cartref), mae demasiado yn disgrifio los deberes, sy'n golygu ei fod yn ansoddair a bod yn rhaid iddo gytuno.

ADFERFAU GOFYNNOL

Mae gan bob un o'r geiriau cwestiwn hyn acen:

> ¿Cómo? – Sut?
> ¿Cuándo? – Pryd?
> ¿Dónde? – Ble?

RHAGENWAU

RHAGENWAU GODDRYCHOL

Mae'r geiriau 'fi, ti, ef, hi, ni, chi, nhw' yn rhagenwau goddrychol. Dim ond ar gyfer pwysleisio y maen nhw'n cael eu defnyddio yn Sbaeneg:

>	yo – fi
>	nosotros/as – ni
>	tú – ti (unigol)
>	vosotros/as – chi (lluosog)
>	él – ef
>	ella – hi
>	ellos/as – nhw
>	usted – chi (unigol ffurfiol)
>	ustedes – chi (lluosog ffurfiol)

Cofiwch fod dwy ffordd o ddweud 'ti/chi' yn Sbaeneg, fel yn Gymraeg. Defnyddiwch **tú** pan fyddwch chi'n siarad ag un person a **vosotros** pan fyddwch chi'n siarad â mwy nag un person. Rydych chi'n defnyddio **usted** ac **ustedes** i olygu 'chi' mewn sefyllfaoedd ffurfiol (e.e. mewn cyfweliad swydd, siarad â'ch pennaeth, siarad â rhywun dydych chi ddim yn ei adnabod).

RHAGENWAU GWRTHRYCHOL

Mae dau fath o ragenw gwrthrychol: uniongyrchol ac anuniongyrchol.

Mae rhagenwau gwrthrychol uniongyrchol yn cael eu defnyddio yn lle enw sydd ddim yn oddrych y ferf – e.e. defnyddio 'ef/hi' yn lle'r enw ei hun. Dyma'r ffurfiau:

>	me – fi/mi
>	te – ti
>	lo – ef
>	la – hi
>	nos – ni
>	os – chi
>	los/las – nhw

Mae rhagenwau gwrthrychol anuniongyrchol yn cael eu defnyddio yn lle enw sydd ddim yn wrthrych uniongyrchol y ferf – e.e. **Les escribe** (ysgrifennais atyn nhw). Dyma'r ffurfiau:

>	me – (i) fi/mi
>	te – (i) ti
>	le – (iddo/iddi) ef/hi
>	nos – (i) ni
>	os – (i) chi
>	les – (iddyn) nhw

Mae rhagenwau gwrthrychol uniongyrchol ac anuniongyrchol yn dod o flaen y ferf – e.e. **lo** hice (gwnes i ef), **los** compré (prynais i nhw), **le** voy a escribir (rwy'n mynd i ysgrifennu ato ef), los profesores **nos** dan mucho trabajo (mae'r athrawon yn rhoi llawer o waith i ni). Maen nhw hefyd yn dod ar ôl gair negyddol – e.e. no **lo** tengo (nid yw ef gen i).

Maen nhw hefyd yn mynd ar ddiwedd berfenw/gerwnd neu ar ddechrau'r frawddeg pan fyddan nhw'n cael eu defnyddio yn amser y dyfodol agos neu'r presennol parhaol – e.e. voy a comprar**lo**/**lo** voy a comprar (rwy'n mynd i'w brynu) neu estoy haciéndo**lo**/**lo** estoy haciendo (rwy'n ei wneud).

Os ydych chi'n defnyddio dau ragenw yn yr un frawddeg, mae'r rhagenw gwrthrychol anuniongyrchol bob amser yn dod o flaen y rhagenw gwrthrychol uniongyrchol – e.e. mis amigos **me** lo dieron (rhoddodd fy ffrindiau ef i **mi**).

RHAGENWAU ATBLYGOL

Rydych chi'n defnyddio rhagenwau atblygol (me, te, se, nos, os, se) pan fydd goddrych a gwrthrych y ferf yr un peth. Maen nhw'n dod o flaen y ferf – e.e. **me** visto (rydw i yn fy ngwisgo fy hun), **nos** levantamos (rydyn ni yn ein codi ein hunain).

RHAGENWAU PERTHYNOL (QUE, QUIEN, LO QUE, EL QUE, EL CUAL)

Rydych chi'n defnyddio rhagenwau perthynol i gysylltu brawddegau â'i gilydd.

- Gall que gyfeirio at bobl neu bethau ac mae'n golygu 'sydd', 'yr hwn' neu 'yr hon'. Rydyn ni'n aml yn ei hepgor yn Gymraeg ond mae'n rhaid ei gynnwys yn Sbaeneg – e.e. el chico **que** vive en la misma calle (y bachgen sydd yn byw yn yr un stryd), las asignaturas **que** estudio (y pynciau rwyf i'n eu hastudio).
- Mae quien a quienes (lluosog) yn golygu 'sydd', a dim ond ar gyfer pobl mae'n bosibl eu defnyddio – e.e. mi hermano, **quien** es estudiante, no vive en casa (dydy fy mrawd, sydd yn fyfyriwr, ddim yn byw gartref), mis profesores, **quienes** son muy estrictos, nos dan muchos deberes (mae fy athrawon, sydd yn llym iawn, yn rhoi llawer o waith cartref i ni). Yn anaml y mae hyn yn cael ei ddefnyddio yn yr iaith lafar, ac mae que yn aml yn cael ei ddefnyddio yn ei le.
- Mae lo que yn cael ei ddefnyddio i olygu 'yr hyn' pan fyddwch chi'n sôn am syniad cyffredinol – e.e. **lo que** no me gusta de mi colegio es que los profesores son estrictos (yr hyn nad ydw i'n ei hoffi am fy ysgol yw bod yr athrawon yn llym), **lo que** prefiero es escuchar música (yr hyn sy'n well gen i yw gwrando ar gerddoriaeth).
- Rydych chi'n defnyddio el que, la que, los que a las que i gyfeirio at bobl a phethau – e.e. mi profesor, **el que** enseña historia, es muy gracioso (mae fy athro, sydd yn dysgu Hanes, yn ddoniol iawn), mis vecinos, **los que** viven en la casa enorme, tienen mucho dinero (mae gan fy nghymdogion, sy'n byw yn y tŷ anferth, lawer o arian).
- Mae el cual, la cual, los cuales a las cuales yn golygu yn union yr un peth ag el que, la que, los que a las que ac maen nhw'n gweithio yn yr un ffordd yn union. Dydyn nhw ddim yn cael eu defnyddio ryw lawer mewn sgyrsiau ond efallai y byddwch chi'n eu gweld nhw mewn testunau ysgrifenedig.

RHAGENWAU ANGHYSYLLTIOL

Mae rhagenwau anghysylltiol (mí, ti, él, ella, usted, nosotros/as, vosotros/as, ellos/as, ustedes) hefyd yn cael eu galw'n rhagenwau pwysleisiol am eich bod chi'n eu defnyddio nhw i bwysleisio – e.e. para **mí**, lo más importante es ... (i mi, y peth pwysicaf yw ...), para **nosotros**, las vacaciones son esenciales (i ni, mae gwyliau yn hanfodol), a **mí**, no me gusta el uniforme (o'm rhan i, dydw i ddim yn hoffi'r wisg ysgol).

Mae ffurf arbennig ar gyfer 'gyda mi' a 'gyda ti'. Rydych chi'n defnyddio conmigo ar gyfer 'gyda mi' – e.e. mis amigos vienen **conmigo** (mae fy ffrindiau yn dod gyda mi) a contigo ar gyfer 'gyda ti' (tú) – e.e. ¿Puedo venir **contigo**? (Gaf i ddod gyda ti?)

RHAGENWAU MEDDIANNOL

Yn lle defnyddio ffurf feddiannol ac enw i ddweud 'fy llyfr', 'dy dŷ', 'ei gar', etc., gallwch chi ddefnyddio rhagenw meddiannol i ddweud 'fy un i', 'dy rai di', 'ei rai ef', etc. Mae'n rhaid iddyn nhw gytuno â'r enw maen nhw'n cymryd ei le, yn ôl a yw'n wrywaidd, yn fenywaidd, yn unigol neu'n lluosog.

	Unigol gwrywaidd	Unigol benywaidd	Lluosog gwrywaidd	Lluosog benywaidd
fy un i / fy rhai i	el mío	la mía	los míos	las mías
dy un di / dy rai di	el tuyo	la tuya	los tuyos	las tuyas
ei un ef / ei rai ef / ei hun hi / ei rhai hi	el suyo	la suya	los suyos	las suyas
ein hun ni / ein rhai ni	el nuestro	la nuestra	los nuestros	las nuestras
eich un chi / eich rhai chi	el vuestro	la vuestra	los vuestros	las vuestras
eu hun nhw / eu rhai nhw	el suyo	la suya	los suyos	las suyas

RHAGENWAU DANGOSOL

Mae rhagenwau dangosol yn cael eu defnyddio yn lle enw er mwyn osgoi ei ailadrodd. Rydych chi'n defnyddio'r un geiriau ag ansoddeiriau dangosol. Byddwch chi'n eu gweld nhw weithiau wedi'u hysgrifennu ag acenion, yn dilyn hen gonfensiynau sillafu, ond dyma'r ffurfiau y mae angen i chi eu dysgu i'w defnyddio.

	hwn/hon/hyn	hwnnw/honno/hynny (yn agos)	hwnnw/honno/hynny (pellach i ffwrdd)
Unigol gwrywaidd	este	ese	aquel
Unigol benywaidd	esta	esa	aquella
Lluosog gwrywaidd	estos	esos	aquellos
Lluosog benywaidd	estas	esas	aquellas

Gallwch chi hefyd ddefnyddio esto, eso ac aquello i gyfeirio at syniad cyffredinol – e.e. **eso** no me interesa (dydy hynny ddim o ddiddordeb i mi), **esto** me parece importante (mae hyn yn ymddangos yn bwysig i mi).
    Mae hefyd yn ddefnyddiol adnabod aquí (yma), allí (yno) ac allá (fan draw, pan fydd ymhellach i ffwrdd).

RHAGENWAU AMHENDANT

Y Sbaeneg am 'rhywbeth' yw algo – e.e. me gustaría hacer **algo** relacionado con la tecnología (hoffwn i wneud rhywbeth sy'n gysylltiedig â thechnoleg).

Y Sbaeneg am 'rhywun' yw alguien – e.e. Busco a **alguien** importante (Rwy'n chwilio am rywun pwysig).

RHAGENWAU GOFYNNOL

Fel arfer mae rhagenwau gofynnol – fel cuál(es) (pa un/pa rai), qué (beth) a quién(es) (pwy) – yn dod ar ddechrau brawddeg – e.e. ¿**Cuál** es tu asignatura preferida? (Beth yw dy hoff bwnc?), ¿**Quiénes** son tus mejores amigos? (Pwy yw dy ffrindiau gorau?)

Os defnyddiwch chi arddodiad gyda'r geiriau cwestiwn hyn, yna yr arddodiad sy'n dod gyntaf:

¿De qué? – Am beth/o beth?
¿A quién(es)? – I bwy?
¿Con quién(es)? – Gyda phwy?
¿De quién(es)? – Pwy biau?
¿Por qué? – Pam? (Ystyr: am ba reswm?)
¿Para qué? – Pam? (Ystyr: ar gyfer pa bwrpas?)

ARDDODIAID

ARDDODIAID CYFFREDIN

Mae arddodiaid yn eiriau cysylltu sydd fel arfer yn awgrymu cyfeiriad, lleoliad neu amser. Dyma rai o'r arddodiaid mwyaf cyffredin:

a – i/yn
con – gyda
de – o
en – yn/ar

Dyma rai o'r arddodiaid amser mwyaf cyffredin:

antes de – cyn
después de – ar ôl
hasta – tan

Oherwydd bod yr arddodiaid canlynol yn berthnasol i leoliad neu gyfeiriad, fel arfer rydych chi'n eu gweld nhw ar ôl y ferf estar:

cerca de – yn agos i
al lado de – wrth ymyl
delante de – o flaen
dentro de – y tu mewn i
detrás de – y tu ôl i
encima de – ar ben
enfrente de – gyferbyn â
entre – rhwng
fuera de – y tu allan i
lejos de – yn bell o

POR A PARA

Mae ystyron tebyg i por a para ond maen nhw'n cael eu defnyddio mewn ffyrdd gwahanol. Mae por fel arfer yn cyfeirio at symudiad drwy amser neu leoedd, ond mae para yn cyfeirio at gyrchfannau neu bwrpasau.

Mae por yn cael ei ddefnyddio mewn sawl ffordd, ond fel arfer ei ystyr fydd 'drwy', 'ar hyd', ac 'y/yr'. Gallwch chi ei ddefnyddio yn y ffyrdd canlynol:

- I ddisgrifio symudiad neu le – e.e. caminan por las calles (maen nhw'n cerdded drwy'r strydoedd).
- I ddisgrifio sut mae rhywbeth yn cael ei wneud – e.e. lo envío por correo electrónico (rwy'n ei anfon drwy e-bost).
- I olygu 'y/yr' – e.e. me pagan cinco libras por hora (maen nhw'n talu pum punt yr awr i mi).

Dyma rai o'r ymadroddion cyffredin a welwch chi gyda por:

por ejemplo – er enghraifft
por favor – os gwelwch yn dda
por ciento – y cant

> por supuesto – wrth gwrs
> por lo tanto – felly

Mae'r arddodiad **para** yn cael ei ddefnyddio, ymhlith pethau eraill, i olygu 'er mwyn', 'at ddiben', ac 'ar gyfer'. Gall ddangos y canlynol:

- Y cyrchfan/person y mae rhywbeth wedi'i fwriadu ar ei gyfer – e.e. el café es **para** mi madre (mae'r coffi ar gyfer fy mam).
- Pwrpasau/nodau – e.e. trabajo muy duro **para** sacar buenas notas (rwy'n gweithio'n galed er mwyn cael graddau da).
- Barn – e.e. **para** mí, es muy importante (i mi, mae'n bwysig iawn).

CYSYLLTEIRIAU CYFFREDIN

Mae cysyllteiriau yn cael eu defnyddio i ffurfio brawddegau estynedig a gallwch chi eu defnyddio nhw i gynnwys mwy o fanylion yn eich Sbaeneg ysgrifenedig a llafar. Y rhai mwyaf cyffredin yw:

> y – a, ac
> pero – ond
> o – neu
> porque – oherwydd
> si – os
> también – hefyd

Cofiwch fod **y** yn newid i **e** o flaen geiriau sy'n dechrau gydag i neu hi – e.e. estudio francés **e** inglés (rwy'n astudio Ffrangeg a Saesneg).

Mae **o** yn newid i **u** o flaen geiriau sy'n dechrau gydag o neu ho – e.e. trabajo siete **u** ocho horas (rwy'n gweithio saith neu wyth awr).

Dyma rai cysyllteiriau defnyddiol eraill:

> además – yn ogystal/ar ben hynny
> así que – felly
> aunque – er
> mientras – tra/yn y cyfamser
> por lo tanto – felly
> sin embargo – fodd bynnag

YR **A** BERSONOL

Pan fydd gwrthrych berf yn berson – e.e. Rwy'n chwilio am Alex, gwelais i Luisa yn y siop – mae angen i chi gynnwys yr **a** bersonol o flaen enw'r person hwnnw – e.e. busco **a** Alex, vi **a** Luisa en la tienda.

YMADRODDION AMSER

DESDE HACE

Gallwch chi ddefnyddio desde hace gyda'r amser presennol i ddweud ers pryd rydych chi wedi bod yn gwneud rhywbeth – e.e. Juego al tenis **desde hace** cinco años (Rydw i wedi bod yn chwarae tennis ers pum mlynedd). Gallwch chi hefyd ddefnyddio desde ar ei ben ei hun i olygu 'ers' neu 'o'.

> **GRAMADEG**
>
> **Cyfieithwch y brawddegau canlynol i'r Gymraeg:**
> 1. Juego al tenis desde hace seis meses.
> 2. Soy vegetariano desde hace tres años.
> 3. Jorge juega al baloncesto desde pequeño.
> 4. Vivo aquí desde mi nacimiento.

DESDE HACÍA

Os hoffech chi ddweud am ba mor hir roeddech chi wedi bod yn gwneud rhywbeth yn y gorffennol, gallwch chi ddefnyddio desde hacía gyda'r amser amherffaith – e.e. jugaba al baloncesto **desde hacía** tres meses (roeddwn i wedi bod yn chwarae pêl-fasged am dri mis).

BERFAU AC AMSERAU

AMSER PRESENNOL

Mae'r amser presennol yn cael ei ddefnyddio i siarad am bethau sy'n digwydd fel arfer – e.e. **normalmente juego al fútbol** (fel arfer rwy'n chwarae pêl-droed), sut mae pethau – e.e. **mi colegio tiene** mil alumnos (mae mil o ddisgyblion yn fy ysgol i), a beth sy'n digwydd nawr – e.e. **hago** mis deberes (rwy'n gwneud fy ngwaith cartref).

BERFAU RHEOLAIDD

I ffurfio amser presennol berfau **ar**, **er** ac **ir** rheolaidd, croeswch allan yr **ar/er/ir** ac ychwanegwch y terfyniadau canlynol:

	escuchar – gwrando	**beber** – yfed	**vivir** – byw
yo	escuch**o**	beb**o**	viv**o**
tú	escuch**as**	beb**es**	viv**es**
él/ella/usted	escuch**a**	beb**e**	viv**e**
nosotros	escuch**amos**	beb**emos**	viv**imos**
vosotros	escuch**áis**	beb**éis**	viv**ís**
ellos/ellas/ustedes	escuch**an**	beb**en**	viv**en**

Edrychwch ar dudalennau 140–141 am restr o ferfau rheolaidd **ar**, **er** ac **ir** cyffredin sydd i gyd yn dilyn y patrymau hyn.

GRAMADEG

Cwblhewch y brawddegau canlynol gan ddefnyddio ffurf gywir amser presennol y berfau rheolaidd mewn cromfachau.
1. Mi hermano _____ (vivir) con su novia.
2. Mis amigos _____ (hablar) demasiado.
3. Cada noche yo _____ (chatear) en Internet.
4. Mi familia y yo siempre _____ (cenar) juntos.
5. Yo _____ (creer) que la amistad es importante.
6. Los jóvenes _____ (utilizar) la tecnología todo el tiempo.

BERFAU CYSEFIN-NEWIDIOL

Mae'r berfau hyn yn cael eu ffurfio yn yr un ffordd â berfau rheolaidd (croeswch allan yr ar/er/ir ac ychwanegwch derfyniadau'r amser presennol) ond mae'r bôn yn newid ym mhob ffurf o'r ferf ar wahân i nosotros a vosotros. Mae tri phrif grŵp o ferfau cysefin-newidiol:

	u/o → ue	e → ie	e → i
	e.e. **dormir** – cysgu	e.e. **empezar** – dechrau	e.e. **repetir** – ailadrodd
yo	d**ue**rmo	emp**ie**zo	rep**i**to
tú	d**ue**rmes	emp**ie**zas	rep**i**tes
él/ella/usted	d**ue**rme	emp**ie**za	rep**i**te
nosotros	dormimos	empezamos	repetimos
vosotros	dormís	empezáis	repetís
ellos/ellas/ustedes	d**ue**rmen	emp**ie**zan	rep**i**ten

Dyma enghreifftiau eraill o ferfau sy'n dilyn y patrymau hyn:

u/o → ue	
Berfenw	ffurf **yo**
j**u**gar – chwarae	j**ue**go
p**o**der – gallu	p**ue**do
ac**o**starse – mynd i'r gwely	me ac**ue**sto
enc**o**ntrar – dod o hyd i/cwrdd â	enc**ue**ntro
v**o**lver – dod yn ôl	v**ue**lvo

e → ie	
Berfenw	ffurf **yo**
desp**e**rtarse – dihuno/deffro	me desp**ie**rto
ent**e**nder – deall	ent**ie**ndo
p**e**nsar – meddwl	p**ie**nso
p**e**rder – colli	p**ie**rdo
pref**e**rir – bod yn well gan, ffafrio	pref**ie**ro
qu**e**rer – eisiau	qu**ie**ro
recom**e**ndar – argymell	recom**ie**ndo

e → i	
Berfenw	**ffurf yo**
pedir – gofyn am	pido
servir – gweini	sirvo
vestirse – gwisgo	me visto

BERFAU AFREOLAIDD

Dydy berfau afreolaidd ddim yn dilyn patrymau arferol berfau **ar**, **er** ac **ir** rheolaidd. Mae angen i chi ddysgu'r rhain ar eich cof. Dyma'r ddau ferf afreolaidd mwyaf cyffredin:

	ser – bod	**ir** – mynd
yo	soy	voy
tú	eres	vas
él/ella/usted	es	va
nosotros	somos	vamos
vosotros	sois	vais
ellos/ellas/ustedes	son	van

Edrychwch ar y tablau berfau ar dudalennau 142–144 am ferfau afreolaidd eraill – e.e. **decir** (dweud), **venir** (dod) a **ver** (gweld). Mae rhai berfau yn afreolaidd yn y ffurf **yo** ond yn dilyn y patrymau amser presennol rheolaidd yn y ffurfiau eraill:

Berfenw	**ffurf yo**
conducir – gyrru	conduzco
conocer – adnabod	conozco
dar – rhoi	doy
estar – bod	estoy
hacer – gwneud	hago
poner – gosod/rhoi	pongo
saber – gwybod	sé
salir – mynd allan	salgo
tener – cael	tengo
traer – dod â	traigo

> **GRAMADEG**
>
> **Cwblhewch y brawddegau canlynol gan ddefnyddio ffurf gywir amser presennol y berfau afreolaidd neu'r berfau lle mae newid i'r bôn mewn cromfachau.**
> 1. Mi hermana _____ (preferir) salir con sus amigos.
> 2. Irma no _____ (tener) muchos deberes.
> 3. Mis tíos _____ (querer) separarse.
> 4. Nosotros _____ (poder) salir hasta muy tarde.
> 5. Mis padres _____ (ser) muy estrictos.

BERFAU ATBLYGOL

Mae berfau atblygol yn disgrifio gweithred rydych chi'n ei gwneud i chi eich hun. Maen nhw'n gweithio yn yr un ffordd â berfau eraill ond mae angen rhagenw atblygol arnyn nhw o flaen y ferf (**me, te, se, nos, os, se**).

	levantarse – codi
yo	**me** levanto
tú	**te** levantas
él/ella/usted	**se** levanta
nosotros	**nos** levantamos
vosotros	**os** levantáis
ellos/ellas/ustedes	**se** levantan

Yn y berfenw, mae'r rhagenw atblygol yn mynd ar ddiwedd y ferf – e.e. ducha**rse**. Os ydych chi'n defnyddio berfenw mewn cystrawen – e.e. **tener que + berfenw** – bydd angen i chi newid y rhagenw atblygol i fynd gyda'r person sy'n gwneud y weithred – e.e. tengo que levantar**me** temprano (mae'n rhaid i mi godi'n gynnar yfory).

BRAWDDEGAU YN DEFNYDDIO SE

Gallwch chi ddefnyddio **se** mewn brawddegau penodol:

- **se puede + berfenw** (gallwch chi …) – e.e. **se** puede visitar el museo (gallwch chi ymweld â'r amgueddfa)
- **se debe + berfenw** (mae'n rhaid i chi …) – e.e. **se** deben hacer los deberes (mae'n rhaid i chi wneud gwaith cartref)
- **se necesita + berfenw neu enw** (mae angen …) – e.e. **se** necesita trabajar muy duro (mae angen i chi weithio'n galed iawn), **se** necesita mucho dinero (mae angen llawer o arian arnoch chi)
- **se habla de + enw** (rydych chi/mae pobl yn sôn am …) – e.e. **se** habla del problema de la pobreza (mae pobl yn sôn am broblem tlodi)

BERFAU AMHERSONOL

Mae gustar (hoffi) ac encantar (caru) yn ferfau amhersonol a dydyn nhw ddim yn gweithio yn yr un ffordd â berfau eraill.

Defnyddiwch gusta/encanta wrth sôn am bethau neu weithgaredd unigol (gan ddefnyddio berf) – e.e. **me gusta** la ropa (rwy'n hoffi dillad), me **encanta** diseñar (rwy'n caru dylunio).

Defnyddiwch gustan/encantan wrth sôn am ddau neu fwy o bethau – e.e. me gustan los deportes (rwy'n hoffi chwaraeon), me encantan la ropa y la joyería (rwy'n caru dillad a gemwaith).

Bydd angen i chi hefyd ddefnyddio rhagenwau gwrthrychol anuniongyrchol (me, te, le, nos, os, les) o flaen y ferf i ddweud pwy sy'n gwneud yr hoffi – e.e. le gusta (mae e'n ei hoffi), nos gustan (rydyn ni'n eu hoffi).

Defnyddiwch mucho i ddweud eich bod chi'n hoffi rhywbeth yn fawr – e.e. me gusta mucho.

DEFNYDDIO SER AC ESTAR

Mae ser ac estar yn golygu 'bod', ond mewn ffyrdd gwahanol.

Mae ser yn cael ei ddefnyddio gyda disgrifiad corfforol, personoliaeth a chymeriad, cenedligrwydd, hil, rhywedd, proffesiynau, yr hyn mae pethau wedi'u gwneud ohono, dyddiadau, dyddiau, tymhorau, amser a meddiant – e.e. soy alto (rwy'n dal), es el ocho de diciembre (yr wythfed o Ragfyr yw hi).

Mae estar yn cael ei ddefnyddio gyda theimladau, hwyliau, emosiynau, cyflyrau neu olwg corfforol, statws priodasol a lleoliad pethau a phobl – e.e. estoy cansada (rydw i wedi blino), están separados (maen nhw wedi gwahanu).

Dewiswch y ferf gywir – allwch chi esbonio eich dewis?
1. Cada persona es/está diferente.
2. Algunos padres son/están preocupados por sus hijos.
3. Mi hermana es/está alta y guapa.
4. Prefiero ser/estar con mis amigos.
5. Mae'r ddau bâr hyn o ymadroddion yn gywir – allwch chi weithio allan beth maen nhw'n ei olygu?
    a. Es aburrido. Estoy aburrida.
    b. Marina es bonita. Marina está bonita.

FFURFIAU NEGYDDOL

I wneud brawddeg yn negyddol, fel arfer rydych chi'n rhoi no o flaen y ferf – e.e. no tengo hermanos (does gen i ddim brodyr na chwiorydd).

Gair negyddol cyffredin arall yw nunca sy'n golygu 'byth'. Gall fynd ar ddechrau'r frawddeg yn lle no – e.e. nunca voy a tener hijos (dydw i byth yn mynd i gael plant) – neu gallwch chi roi no ar ddechrau a nunca ar ddiwedd y frawddeg – e.e. no voy a tener hijos nunca.

Dyma rai ffurfiau negyddol eraill:

nada – dim, dim byd
e.e. no tengo nada – does gen i ddim

nadie – neb
e.e. nadie fue a la fiesta – aeth neb i'r parti

ningún (-o, -a, -os, -as) – dim un/dim
e.e. no tengo ningunos deberes – does gen i ddim gwaith cartref

tampoco – chwaith
e.e. no me gusta la historia tampoco – dydw i ddim yn hoffi Hanes chwaith

ni … ni – y naill … na'r llall, na
e.e. no me gusta ni el tenis ni el rugby – dydw i ddim yn hoffi tennis na rygbi

GERWND

Enw arall ar y gerwnd yw'r rhangymeriad presennol. Mae'r un fath â'r ffurf *-ing* yn Saesneg – e.e. *swimming* (yn nofio), *dancing* (yn dawnsio), *playing* (yn chwarae).

I ffurfio gerwnd berfau **ar**, tynnwch yr **ar** ac ychwanegwch **ando** – e.e. **habl**ar → **hablando**.

I ffurfio gerwnd berfau **er/ir**, tynnwch yr **er/ir** ac ychwanegwch **iendo** – e.e. **beb**er → **bebiendo**, **viv**ir → **viviendo**.

Edrychwch ar y tablau berfau ar dudalennau 142–144 ar gyfer geryndau afreolaidd. Dyma rai enghreifftiau:

> dormir (cysgu) → durmiendo (yn cysgu)
> leer (darllen) → leyendo (yn darllen)
> ir (mynd) → yendo (yn mynd)
> ser (bod) → siendo (yn bod)

AMSER PRESENNOL PARHAOL

Mae'r presennol parhaol yn cael ei ddefnyddio i ddweud beth sy'n digwydd ar adeg y siarad. Mae'r gerwnd yn cael ei ddefnyddio gydag amser presennol y ferf **estar** i ffurfio'r presennol parhaol – e.e. **estoy haciendo** mis deberes (rwy'n gwneud fy ngwaith cartref).

	Amser presennol **estar**	Gerwnd
yo	estoy	hablando, estudiando, escuchando, música, etc.
tú	estás	
él/ella/usted	está	
nosotros	estamos	
vosotros	estáis	
ellos/ellas/ustedes	están	

AMSER DYFODOL AGOS

Mae **ir** a + **berfenw** yn ffordd ddefnyddiol iawn o gynnwys amser arall yn eich Sbaeneg. Ei enw yw'r dyfodol agos ac mae'n cael ei ddefnyddio i ddweud beth rydych chi'n mynd i'w wneud neu beth sy'n mynd i ddigwydd – e.e. **voy a tener** hijos dentro de diez años (rwy'n mynd i gael plant mewn deng mlynedd). Mae'n cael ei ffurfio gydag amser presennol **ir** wedi ei ddilyn gan y berfenw.

	Amser presennol **ir**	a	Berfenw
yo	voy		salir, visitar, vivir, etc.
tú	vas		
él/ella/usted	va		
nosotros	vamos		
vosotros	vais		
ellos/ellas/ustedes	van		

GRAMADEG

Cyfieithwch y brawddegau hyn i'r Sbaeneg:
1. Rwy'n mynd i gael plant.
2. Rydyn ni'n mynd i fyw mewn tŷ mawr.
3. Mae fy ffrindiau'n mynd i ysgrifennu blog.
4. Mae fy chwaer yn mynd i fynd allan gyda'i chariad.

AMSER DYFODOL

Mae'r amser dyfodol yn cael ei ddefnyddio i ddweud beth fydd yn digwydd. I ffurfio'r amser dyfodol, ychwanegwch y terfyniad cywir at y berfenw.

	berfau **-ar** – e.e.: estudi**ar** – astudio	berfau **-er** – e.e.: apren**der** – dysgu	berfau **-ir** – e.e.: viv**ir** – byw
yo	estudiar**é**	aprender**é**	vivir**é**
tú	estudiar**ás**	aprender**ás**	vivir**ás**
él/ella/usted	estudiar**á**	aprender**á**	vivir**á**
nosotros	estudiar**emos**	aprender**emos**	vivir**emos**
vosotros	estudiar**éis**	aprender**éis**	vivir**éis**
ellos/ellas/ustedes	estudiar**án**	aprender**án**	vivir**án**

Mae pob berf yn defnyddio'r un terfyniadau ond ar gyfer rhai berfau rydych chi'n ychwanegu'r terfyniadau at ffurf afreolaidd y bôn – e.e. hacer → haré, salir → saldré, tener → tendré. Gwiriwch y tablau berfau afreolaidd ar dudalennau 142–144 ar gyfer berfau afreolaidd eraill yn yr amser dyfodol.

> **GRAMADEG**
>
> **Cyfieithwch y brawddegau hyn i'r Gymraeg:**
> 1. Viviré en un piso con mis amigos.
> 2. Mañana compraré un móvil nuevo.
> 3. La tecnología será más importante en el futuro.
> 4. Mis padres no estarán muy contentos.

AMSER AMODOL

Rydych chi'n defnyddio'r amodol yn Sbaeneg i ddweud 'byddai'. Y ferf amodol byddwch chi'n debygol o'i defnyddio amlaf yw me gustaría (byddwn i'n hoffi, hoffwn i).

Rydych chi'n ffurfio'r amser amodol drwy ychwanegu'r terfyniadau amodol at y berfenw.

	berfau **-ar** – e.e.: estudi**ar** – astudio	berfau **-er** – e.e.: apren**der** – dysgu	berfau **-ir** – e.e.: viv**ir** – byw
yo	estudiar**ía**	aprender**ía**	vivir**ía**
tú	estudiar**ías**	aprender**ías**	vivir**ías**
él/ella/usted	estudiar**ía**	aprender**ía**	vivir**ía**
nosotros	estudiar**íamos**	aprender**íamos**	vivir**íamos**
vosotros	estudiar**íais**	aprender**íais**	vivir**íais**
ellos/ellas/ustedes	estudiar**ían**	aprender**ían**	vivir**ían**

Mae berfau sy'n afreolaidd yn yr amser amodol hefyd yn afreolaidd yn yr amser dyfodol. Edrychwch ar y tablau berfau ar dudalennau 142–144.

> **GRAMADEG**
>
> **Dewiswch y ferf amodol gywir o'r rhestr i gwblhau pob brawddeg.**
> 1. En el futuro _____ estudiar el español.
> 2. _____ buenas notas en mis exámenes.
> 3. Mi profesor ideal _____ divertido.
> 4. Mi colegio ideal _____ instalaciones modernas.
> 5. _____ en la universidad.
> 6. Mis amigos _____ al club de baloncesto.
>
> | sería | sacaría | me gustaría |
> |---|---|---|
> | irían | tendría | estudiaría |

GORFFENNOL

Rydych chi'n defnyddio'r gorffennol i sôn am weithredoedd wedi'u cwblhau yn y gorffennol – e.e. **fui** al cine (es i i'r sinema), **hice** mis deberes (gwnes i fy ngwaith cartref).

Mae'r gorffennol yn cael ei ffurfio drwy groesi'r terfyniadau **ar/er/ir** oddi ar y berfenw ac ychwanegu terfyniadau'r gorffennol.

	berfau **-ar** – e.e.: **habl**ar – siarad	berfau **-er** – e.e.: **com**er – bwyta	berfau **-ir** – e.e.: **recib**ir – derbyn
yo	habl**é**	com**í**	recib**í**
tú	habl**aste**	com**iste**	recib**iste**
él/ella/usted	habl**ó**	com**ió**	recib**ió**
nosotros	habl**amos**	com**imos**	recib**imos**
vosotros	habl**asteis**	com**isteis**	recib**isteis**
ellos/ellas/ustedes	habl**aron**	com**ieron**	recib**ieron**

GRAMADEG

Cwblhewch y brawddegau gan ddefnyddio ffurf orffennol y ferf mewn cromfachau.
1. La semana pasada nosotros _____ (visitar) los monumentos.
2. Ayer _____ (yo, viajar) al colegio en coche.
3. Mis padres _____ (comprar) un billete.
4. Ayer _____ (yo, salir) con mis amigos.
5. ¿Cómo _____ (tú, viajar) de vacaciones el año pasado?

Dyma rai o'r berfau afreolaidd mwyaf cyffredin yn y gorffennol:

	ser/ir – bod/mynd	**hacer** – gwneud	**tener** – cael
yo	fui	hice	tuve
tú	fuiste	hiciste	tuviste
él/ella/usted	fue	hizo	tuvo
nosotros	fuimos	hicimos	tuvimos
vosotros	fuisteis	hicisteis	tuvisteis
ellos/ellas/ustedes	fueron	hicieron	tuvieron

Edrychwch ar y tablau berfau ar dudalennau 142–144 am ragor o ferfau afreolaidd yn y gorffennol – e.e. **estar** (bod), **ver** (gweld) a **dar** (rhoi).

Mae gan rai o'r berfau yn y gorffennol sillafiadau afreolaidd yn y ffurf yo – e.e.:

> empezar (dechrau/cychwyn) → empecé
> jugar (chwarae) → jugué
> llegar (cyrraedd) → llegué

Mae gan rai o'r berfau yn y gorffennol sillafiadau afreolaidd yn y trydydd person unigol (él/ella/usted) a'r trydydd person lluosog (ellos/ellas/ustedes) – e.e.:

> leer (darllen) → leyó, leyeron
> caer (syrthio/cwympo) → cayó, cayeron

GRAMADEG

Cwblhewch y brawddegau gan ddefnyddio ffurf orffennol y ferf mewn cromfachau.

1. El fin de semana pasado _____ (yo, ir) al museo.
2. Ayer _____ (nosotros, hacer) muchas cosas interesantes.
3. Ellos _____ (ver) muchos monumentos.
4. Mis padres _____ (tener) un viaje muy largo.
5. Muchos turistas _____ (venir) a mi pueblo el verano pasado.

AMSER AMHERFFAITH

Mae'r amser amherffaith yn cael ei ddefnyddio i ddisgrifio gweithredoedd parhaus neu weithredoedd wedi'u hailadrodd yn y gorffennol, i ddisgrifio sut roedd rhywbeth neu rywun yn arfer bod yn y gorffennol, ac i ddweud beth roedd pobl yn arfer ei wneud neu sut roedd pethau'n arfer bod – e.e. iba a pie todos los días (roeddwn i'n cerdded bob dydd), mi escuela primaria era muy pequeña (roedd fy ysgol gynradd yn fach iawn), en el pasado jugaba al tenis (yn y gorffennol roeddwn i'n arfer chwarae tennis).

I ffurfio'r amherffaith, rydych chi'n croesi'r terfyniadau ar/er/ir oddi ar y berfenw ac yn ychwanegu'r terfyniadau canlynol:

	berfau **-ar** – e.e.: jug**ar** – chwarae	berfau **-er** – e.e.: hac**er** – gwneud	berfau **-ir** – e.e.: viv**ir** – byw
yo	jug**aba**	hac**ía**	viv**ía**
tú	jug**abas**	hac**ías**	viv**ías**
él/ella/usted	jug**aba**	hac**ía**	viv**ía**
nosotros	jug**ábamos**	hac**íamos**	viv**íamos**
vosotros	jug**abais**	hac**íais**	viv**íais**
ellos/ellas/ustedes	jug**aban**	hac**ían**	viv**ían**

Mae tair berf afreolaidd yn yr amser amherffaith:

	ir – mynd	**ser – bod**	**ver – gweld**
yo	iba	era	veía
tú	ibas	eras	veías
él/ella/usted	iba	era	veía
nosotros	íbamos	éramos	veíamos
vosotros	ibais	erais	veíais
ellos/ellas/ustedes	iban	eran	veían

Amherffaith hay (mae) yw había (roedd). Mae había yn air defnyddiol i ddisgrifio pethau yn y gorffennol.

GRAMADEG

Cwblhewch y paragraff gan ddefnyddio ffurf amherffaith y ferf mewn cromfachau.

Cuando _____ (yo, ser) más joven, _____ (nosotros, vivir) en una casa grande. Yo _____ (estar) contento porque la casa _____ (tener) un jardín enorme. Todos los días mis hermanos _____ (jugar) en el jardín.

Defnyddio'r amser amherffaith i ddisgrifio'r tywydd

Mae angen yr amser amherffaith i ddisgrifio'r tywydd yn y gorffennol.

Presennol	Amherffaith
hace sol/calor etc.	hacía sol/calor etc.
está frío/nublado etc.	estaba frío/nublado etc.
nieve	nevaba
llueve	llovía

AMSER AMHERFFAITH PARHAOL

Mae'r amherffaith parhaol yn cael ei ddefnyddio i ddweud beth oedd yn digwydd ar adeg y siarad. Mae'r gerwnd yn cael ei ddefnyddio gydag amser amherffaith y ferf **estar** i ffurfio'r amherffaith parhaol e.e. **estaba haciendo mis deberes** (roeddwn i'n gwneud fy ngwaith cartref).

	Amser amherffaith **estar**	Gerwnd
yo	estaba	hablando, estudiando, escuchando, etc.
tú	estabas	
él/ella/usted	estaba	
nosotros	estábamos	
vosotros	estabais	
ellos/ellas/ustedes	estaban	

AMSER PERFFAITH

Rydych chi'n defnyddio'r amser perffaith i ddweud beth rydych chi wedi'i wneud yn ddiweddar. Mae'n cael ei ffurfio gydag amser presennol y ferf **haber** a'i ddilyn gan y rhangymeriad gorffennol. Fel arfer mae'r rhangymeriad gorffennol yn cyfateb i **wedi** [gwneud] yn Gymraeg – e.e. wedi gwylio, wedi chwarae, wedi ymweld.

I ffurfio'r rhangymeriad gorffennol ar gyfer berfau **ar**, croeswch allan yr **ar** ac ychwanegwch **ado**. Ar gyfer berfau **er/ir**, croeswch allan yr **er/ir** ac ychwanegwch **ido** – e.e.:

estudi**ar** (astudio) → estudi**ado** (wedi astudio)
com**er** (bwyta) → com**ido** (wedi bwyta)
viv**ir** (byw) → viv**ido** (wedi byw)

	Amser presennol **haber**	Rhangymeriad gorffennol
yo	he	hablado, estudiado, escuchado, etc.
tú	has	
él/ella/usted	ha	
nosotros	hemos	
vosotros	habéis	
ellos/ellas/ustedes	han	

Mae gan rai berfau rangymeriad gorffennol afreolaidd:

Berfenw	Rhangymeriad gorffennol
decir – dweud	dicho
escribir – ysgrifennu	escrito
hacer – gwneud	hecho
poner – gosod/rhoi	puesto
ver – gweld	visto
volver – dod yn ôl	vuelto

GRAMADEG

Cyfieithwch y brawddegau canlynol, sydd yn yr amser perffaith, i'r Gymraeg.
1. Mis amigos no han hecho sus deberes.
2. He olvidado mi cuaderno de español.
3. Hemos terminado nuestros exámenes.
4. Nunca he visitado los Estados Unidos.

AMSER GORBERFFAITH

Rydych chi'n defnyddio'r amser gorberffaith i ddweud beth roeddech chi wedi'i wneud. Rydych chi'n ffurfio'r amser gorberffaith drwy ddefnyddio amser amherffaith y ferf **haber** a'i ddilyn gan y rhangymeriad gorffennol.

	Amser amherffaith **haber**	Rhangymeriad gorffennol
yo	había	visto, ido, estudiado, etc.
tú	habías	
él/ella/usted	había	
nosotros	habíamos	
vosotros	había	
ellos/ellas/ustedes	habían	

FFURFIAU GORCHMYNNOL

Mae ffurfiau gorchmynnol yn cael eu defnyddio i roi cyfarwyddiadau a gorchmynion – e.e. ¡Haz tus deberes! (Gwna dy waith cartref!), ¡Siéntate! (Eistedd i lawr!). Mae'r ffurf rydych chi'n ei defnyddio yn dibynnu ar â phwy rydych chi'n siarad (tú, vosotros, usted neu ustedes) ac a yw'r gorchymyn yn un cadarnhaol (Codwch ar eich traed!) neu'n un negyddol (Peidiwch â chodi ar eich traed!).

I ffurfio gorchmynion cadarnhaol ar gyfer y ffurf tú, tynnwch yr s oddi ar ffurf tú yr amser presennol – e.e. hablas (rwyt ti'n siarad) → ¡habla! (siarada!), trabajas (rwyt ti'n gweithio) → ¡trabaja! (gweithia!).

Mae gan y berfau hyn ffurfiau gorchmynnol afreolaidd yn y ffurf tú :

    decir (dweud) → di
    hacer (gwneud) → haz
    salir (mynd allan) → sal
    ser (bod) → sé
    tener (cael) → ten

I ffurfio gorchmynion cadarnhaol ar gyfer y ffurf vosotros, newidiwch yr r ar ddiwedd y berfenw i d – e.e. hablar → hablad, correr → corred.

I ffurfio gorchmynion ffurfiol, gallwch chi ddefnyddio trydydd person unigol (él/ella/usted) neu drydydd person lluosog (ellos/ellas/ustedes) y ffurf dibynnol presennol – e.e. ¡tome! (cymer!), ¡trabaja! (gweithia!).

Mae angen i chi hefyd ddefnyddio'r dibynnol presennol ar gyfer yr holl orchmynion negyddol:

	tú	vosotros	usted	ustedes
estudi**ar**	no estudies	no estudiéis	no estudie	no estudien
beb**er**	no bebas	no bebáis	no beba	no beban
decid**ir**	no decidas	no decidáis	no decida	no decidan

Y GODDEFOL

Mae'r goddefol yn cael ei ffurfio gyda ser + **rhangymeriad gorffennol** ac mae'n cael ei ddefnyddio i ddweud beth sy'n digwydd i rywun neu i rywbeth – e.e. mi colegio fue construido en los años noventa (cafodd fy ysgol ei hadeiladu yn y nawdegau). Mae'n rhaid i chi gofio gwneud i'r rhangymeriad gorffennol gytuno hefyd – e.e. mi casa fue construida el año pasado (cafodd fy nhŷ ei adeiladu y llynedd).

Nid yw'r goddefol yn gyffredin iawn yn Sbaeneg – mae'n fwy cyffredin i osgoi'r goddefol drwy ddefnyddio'r rhagenw se a'r ffurf trydydd person unigol (él/ella/ustedes) neu luosog (ellos/ellas/ustedes) – e.e. se recicla el papel en el contenedor verde (mae papur yn cael ei ailgylchu yn y cynhwysydd gwyrdd) yn lle el papel es reciclado en el contenedor verde, neu se venden libros en la tienda (mae llyfrau'n cael eu gwerthu yn y siop) yn lle los libros son vendidos en la tienda.

DIBYNNOL PRESENNOL

Mae'r dibynnol presennol yn ffurf arbennig ar y ferf sy'n cael ei defnyddio mewn sefyllfaoedd penodol. Rydych chi'n ei defnyddio:

- I fynegi amheuaeth, ansicrwydd a phosibilrwydd – e.e. no creo que vengan a la fiesta (dydw i ddim yn meddwl y byddan nhw'n dod i'r parti).
- Ar ôl berfau emosiwn – e.e. me alegro de que mi hermana esté aquí (rwy'n falch bod fy chwaer yma).

- Ar gyfer dymuniadau, cyngor a cheisiadau fel querer que a pedir que – e.e. mis padres quieren que **vaya** a la universidad (mae fy rhieni eisiau i mi fynd i'r brifysgol).
- Ar ôl para que pan fydd yn golygu 'er mwyn' – e.e. mis padres me ayudan para que **saque** buenas notas (mae fy rhieni yn fy helpu er mwyn i mi gael graddau da).
- Ar ôl ymadroddion amser fel cuando, hasta que, antes de que etc., pan fyddwch chi'n sôn am y dyfodol – e.e. cuando **termine** mis estudios (pan fyddaf i'n gorffen fy astudiaethau).
- Ar ôl yr ymadrodd ojalá i ddweud beth rydych chi'n gobeithio bydd yn digwydd – e.e. ojalá **haga** calor (gobeithio y bydd hi'n gynnes).
- Mewn rhai ebychiadau – e.e. ¡Viva! ¡Dígame!

Rydych chi'n ffurfio'r dibynnol presennol drwy dynnu'r o olaf oddi ar y ffurf yo yn yr amser presennol ac yn ychwanegu terfyniadau'r dibynnol presennol:

	estudiar – astudio	beber – yfed	vivir – byw
yo	estudie	beba	viva
tú	estudies	bebas	vivas
él/ella/usted	estudie	beba	viva
nosotros	estudiemos	bebamos	vivamos
vosotros	estudiéis	bebáis	viváis
ellos/ellas/ustedes	estudien	beban	vivan

Dyma rai berfau afreolaidd allweddol y gallech chi ddod ar eu traws:

	ser – bod	hacer – gwneud	ir – mynd	tener – cael
yo	sea	haga	vaya	tenga
tú	seas	hagas	vayas	tengas
él/ella/usted	sea	haga	vaya	tenga
nosotros	seamos	hagamos	vayamos	tengamos
vosotros	seáis	hagáis	vayáis	tengáis
ellos/ellas/ustedes	sean	hagan	vayan	tengan

DIBYNNOL AMHERFFAITH

Un ffurf o'r dibynnol amherffaith sy'n cael ei defnyddio'n aml i ddweud beth hoffech chi yw quisiera. Nid yw mor gyffredin â defnyddio me gustaría ond mae'n golygu'r un peth.

Gallwch chi ddefnyddio'r dibynnol amherffaith mewn brawddegau si (si + **dibynnol amherffaith**, a'i ddilyn gan yr amodol) – e.e. **si ganara** la lotería, viajaría por todo el mundo (pe bawn i'n ennill y loteri, byddwn i'n teithio ledled y byd), **si tuviera** un trabajo, estaría muy contento (pe bawn i'n dod o hyd i swydd, byddwn i'n hapus iawn).

TABLAU BERFAU

BERFAU AR RHEOLAIDD

Berfenw		Presennol	Gorffennol	Amherffaith	Dyfodol	Amodol	Gerwnd/ Rhangymeriad gorffennol
hablar – siarad	yo	hablo	hablé	hablaba	hablaré	hablaría	hablando
	tú	hablas	hablaste	hablabas	hablarás	hablarías	hablado
	él/ella/usted	habla	habló	hablaba	hablará	hablaría	
	nosotros	hablamos	hablamos	hablábamos	hablaremos	hablaríamos	
	vosotros	habláis	hablasteis	hablabais	hablaréis	hablaríais	
	ellos/ellas/ustedes	hablan	hablaron	hablaban	hablarán	hablarían	
estudiar – astudio	yo	estudio	estudié	estudiaba	estudiaré	estudiaría	estudiando
	tú	estudias	estudiaste	estudiabas	estudiarás	estudiarías	estudiado
	él/ella/usted	estudia	estudió	estudiaba	estudiará	estudiaría	
	nosotros	estudiamos	estudiamos	estudiábamos	estudiaremos	estudiaríamos	
	vosotros	estudiáis	estudiasteis	estudiabais	estudiaréis	estudiaríais	
	ellos/ellas/ustedes	estudian	estudiaron	estudiaban	estudiarán	estudiarían	

BERFAU ER RHEOLAIDD

Berfenw		Presennol	Gorffennol	Amherffaith	Dyfodol	Amodol	Gerwnd/ Rhangymeriad gorffennol
comer – bwyta	yo	como	comí	comía	comeré	comería	comiendo
	tú	comes	comiste	comías	comerás	comerías	comido
	él/ella/usted	come	comió	comía	comerá	comería	
	nosotros	comemos	comimos	comíamos	comeremos	comeríamos	
	vosotros	coméis	comisteis	comíais	comeréis	comeríais	
	ellos/ellas/ustedes	comen	comieron	comían	comerán	comerían	
aprender – dysgu	yo	aprendo	aprendí	aprendía	aprenderé	aprendería	aprendiendo
	tú	aprendes	aprendiste	aprendías	aprenderás	aprenderías	aprendido
	él/ella/usted	aprende	aprendió	aprendía	aprenderá	aprendería	
	nosotros	aprendemos	aprendimos	aprendíamos	aprenderemos	aprenderíamos	
	vosotros	aprendéis	aprendisteis	aprendíais	aprenderéis	aprenderíais	
	ellos/ellas/ustedes	aprenden	aprendieron	aprendían	aprenderán	aprenderían	

BERFAU IR RHEOLAIDD

Berfenw		Presennol	Gorffennol	Amherffaith	Dyfodol	Amodol	Gerwnd/ Rhangymeriad gorffennol
vivir – byw	yo	vivo	viví	vivía	viviré	viviría	viviendo
	tú	vives	viviste	vivías	vivirás	vivirías	vivido
	él/ella/usted	vive	vivió	vivía	vivirá	viviría	
	nosotros	vivimos	vivimos	vivíamos	viviremos	viviríamos	
	vosotros	vivís	vivisteis	vivíais	viviréis	viviríais	
	ellos/ellas/ustedes	viven	vivieron	vivían	vivirán	vivirían	
recibir – derbyn	yo	recibo	recibí	recibía	recibiré	recibiría	recibiendo
	tú	recibes	recibiste	recibías	recibirás	recibirías	recibido
	él/ella/usted	recibe	recibió	recibía	recibirá	recibiría	
	nosotros	recibimos	recibimos	recibíamos	recibiremos	recibiríamos	
	vosotros	recibís	recibisteis	recibíais	recibiréis	recibiríais	
	ellos/ellas/ustedes	reciben	recibieron	recibían	recibirán	recibirían	

RHESTR O'R BERFAU RHEOLAIDD MWYAF CYFFREDIN

Berfau rheolaidd ar cyffredin

abandonar – gadael, aberthu, rhoi'r gorau i
acabar – cwblhau, gorffen, terfynu
acampar – gwersylla, mynd i wersylla
aceptar – derbyn
acompañar – bod yng nghwmni, mynd gyda
aconsejar – cynghori
acostumbrar – bod yn gyfarwydd â, arfer gwneud
adaptar – addasu
admirar – edmygu
adoptar – mabwysiadu
adorar – addoli
ahorrar – arbed, cynilo
alimentar – bwydo, maethu, cynnal
alquilar – rhentu, llogi
alterar – newid, tarfu ar, cynhyrfu
amar – caru
anunciar – cyhoeddi
apoyar – cynnal, cefnogi, pwyso ar
ayudar – helpu, cynorthwyo
bailar – dawnsio
bajar – gostwng, mynd i lawr, llwytho i lawr
bañarse – cael bath, nofio
besar – cusanu
brindar – yfed i iechyd rhywun, cynnig llwncdestun
cambiar – newid
caminar – cerdded
cancelar – dileu, canslo
cansarse – blino
cantar – canu
casarse – priodi
causar – achosi, creu
celebrar – dathlu
cenar – bwyta cinio/swper
charlar – sgwrsio, siarad
cocinar – coginio
combinar – cyfuno
comentar – sylwi
comparar – cymharu
completar – cwblhau
comprar – prynu
concentrar – canolbwyntio
conectar – cysylltu
confirmar – cadarnhau
conservar – cadw, arbed
considerar – ystyried
contaminar – halogi, llygru
contestar – ateb, ymateb
controlar – rheoli
cortar – torri
crear – creu
cuidar – gofalu am
curar – iacháu, gwella
decorar – addurno
dejar – gadael, gadael i fod
desarrollar – datblygu
desayunar – bwyta brecwast
descansar – gorffwys
desear – dymuno, eisiau
desenchufar – datgysylltu (plwg)
desengañar – dadrithio
dibujar – tynnu llun
disfrutar – mwynhau, ymbleseru yn
ducharse – cael cawod
emborracharse – meddwi
empeorar – gwaethygu, gwneud yn waeth, dirywio
emplear – defnyddio, llogi, cyflogi
enamorarse - cwympo/syrthio mewn cariad
enseñar – dangos, addysgu
entrar – mynd i mewn, dod i mewn
entrevistar – cyfweld
escapar – dianc
escuchar – gwrando, clywed
esperar – aros, gobeithio
estornudar – tisian
estudiar – astudio
evitar – osgoi
faltar – colli, gweld eisiau
fumar – ysmygu
ganar – ennill
gastar – gwario (arian)
grabar – cofnodi, recordio
gritar – sgrechian, gweiddi
hablar – siarad, sgwrsio
ingresar – mynd i mewn, dod i mewn, ymuno â grŵp, dod yn aelod
iniciar – cychwyn, dechrau
intentar – bwriadu, rhoi cynnig ar
invitar – gwahodd
irritar – gwylltio
lavar(se) – golchi, ymolchi

levantar(se) – codi
limitar – cyfyngu ar
limpiar – glanhau, sychu
llamar – galw, ffonio
llenar – llenwi, gwneud yn llawn
llevar – cymryd (yn llythrennol), gwisgo, cario
llorar – crïo
luchar – ymladd, brwydro
madurar – aeddfedu
mandar – anfon, gorchymyn
mejorar – gwneud yn well, gwella
mencionar – sôn am
mirar – gwylio, edrych ar, gweld
nadar – nofio
necesitar – bod ag angen
notar – nodi
observar – arsylwi
odiar – casáu
olvidar – anghofio
parar – stopio
participar – cymryd rhan
pasar – treulio (amser)
preguntar – gofyn (cwestiwn)
preocupar(se) – pryderu, poeni, gofidio
preparar – paratoi
presentar – cyflwyno
prestar – benthyg, benthyca
programar – rhaglennu
quedar – aros
quejarse – cwyno
quemar(se) – llosgi (eich hun)
quitar – tynnu, dadwisgo, cymryd ymaith
regresar – dychwelyd, mynd yn ôl, rhoi yn ôl
reparar – atgyweirio, trwsio
respetar – parchu
saludar – cyfarch, dweud helo
salvar – arbed, achub
señalar – chwifio, cyfeirio at, dangos, amlygu
terminar – terfynu, dod i ben, gorffen, stopio
tirar – taflu, tynnu
tolerar – goddef, dygymod â
tomar – yfed, cymryd (yn ffigurol)
trabajar – gweithio
trasladar – symud, trosglwyddo
tratar – trafod, ceisio, trin
usar – defnyddio

viajar – teithio, mynd ar daith
visitar – ymweld â

Berfau rheolaidd **er** cyffredin

aprender – dysgu
beber – yfed
comer – bwyta
cometer – ymrwymo
comprender – deall
correr – rhedeg
deber – bod arnoch, dylech
depender – dibynnu
esconder – cuddio
meter – rhoi (rhywbeth) i mewn
proceder – mynd yn eich blaen
prometer – addo
responder – ateb, ymateb

Berfau rheolaidd **ir** cyffredin

abrir – agor
admitir – derbyn, caniatáu
añadir – ychwanegu
asistir – mynychu (e.e. dosbarthiadau)
compartir – rhannu
cubrir – gorchuddio, rhoi clawr ar
cumplir – cwblhau, gorffen, cyrraedd (oedran)
decidir – penderfynu
describir – disgrifio
descubrir – darganfod, dadorchuddio
discutir – trafod
distinguir – gwahaniaethu
dividir – rhannu
escribir – ysgrifennu (ond mae iddo rangymeriad gorffennol afreolaidd)
imprimir – argraffu
ocurrir – digwydd
partir – rhannu, gadael
permitir - caniatáu, gadael
prohibir – gwahardd
recibir – derbyn
subir – codi, dringo, mynd i fyny, dod i fyny, mynd ar fwrdd llong/bws etc.
sufrir – dioddef
vivir – byw, bod yn fyw

TABLAU BERFAU AFREOLAIDD

Berfenw		Presennol	Gorffennol	Amherffaith	Dyfodol	Amodol	Gerwnd/ Rhangymeriad gorffennol
dar – rhoi	yo tú él/ella/usted nosotros vosotros ellos/ellas/ustedes	doy das da damos dais dan	di diste dio dimos disteis dieron	daba dabas daba dábamos dabais daban	daré darás dará daremos daréis darán	daría darías daría daríamos daríais darían	dando dado
decir – dweud	yo tú él/ella/usted nosotros vosotros ellos/ellas/ustedes	digo dices dice decimos decís dicen	dije dijiste dijo dijimos dijisteis dijeron	decía decías decía decíamos decíais decían	diré dirás dirá diremos diréis dirán	diría dirías diría diríamos diríais dirían	diciendo dicho
estar – bod	yo tú él/ella/usted nosotros vosotros ellos/ellas/ustedes	estoy estás está estamos estáis están	estuve estuviste estuvo estuvimos estuvisteis estuvieron	estaba estabas estaba estábamos estabais estaban	estaré estarás estará estaremos estaréis estarán	estaría estarías estaría estaríamos estaríais estarían	estando estado
haber – cael, bod â	yo tú él/ella/usted nosotros vosotros ellos/ellas/ustedes	he has ha hemos habéis han	hube hubiste hubo hubimos hubisteis hubieron	había habías había habíamos habíais habían	habré habrás habrá habremos habréis habrán	habría habrías habría habríamos habríais habrían	habiendo habido
hacer – gwneud	yo tú él/ella/usted nosotros vosotros ellos/ellas/ustedes	hago haces hace hacemos hacéis hacen	hice hiciste hizo hicimos hicisteis hicieron	hacía hacías hacía hacíamos hacíais hacían	haré harás hará haremos haréis harán	haría harías haría haríamos haríais harían	haciendo hecho

GRAMADEG | 143

Berfenw		Presennol	Gorffennol	Amherffaith	Dyfodol	Amodol	Gerwnd/ Rhangymeriad gorffennol
ir – mynd	yo tú él/ella/usted nosotros vosotros ellos/ellas/ustedes	voy vas va vamos vais van	fui fuiste fue fuimos fuisteis fueron	iba ibas iba íbamos ibais iban	iré irás irá iremos iréis irán	iría irías iría iríamos iríais irían	yendo ido
poder – gallu	yo tú él/ella/usted nosotros vosotros ellos/ellas/ustedes	puedo puedes puede podemos podéis pueden	pude pudiste pudo pudimos pudisteis pudieron	podía podías podía podíamos podíais podían	podré podrás podrá podremos podréis podrán	podría podrías podría podríamos podríais podrían	pudiendo podido
poner – rhoi	yo tú él/ella/usted nosotros vosotros ellos/ellas/ustedes	pongo pones pone ponemos ponéis ponen	puse pusiste puso pusimos pusisteis pusieron	ponía ponías ponía poníamos poníais ponían	pondré pondrás pondrá pondremos pondréis pondrán	pondría pondrías pondría pondríamos pondríais pondrían	poniendo puesto
querer – bod eisiau	yo tú él/ella/usted nosotros vosotros ellos/ellas/ustedes	quiero quieres quiere queremos queréis quieren	quise quisiste quiso quisimos quisisteis quisieron	quería querías quería queríamos queríais querían	querré querrás querrá querremos querréis querrán	querría querrías querría querríamos querríais querrían	queriendo querido
saber – gwybod	yo tú él/ella/usted nosotros vosotros ellos/ellas/ustedes	sé sabes sabe sabemos sabéis saben	supe supiste supo supimos supisteis supieron	sabía sabías sabía sabíamos sabíais sabían	sabré sabrás sabrá sabremos sabréis sabrán	sabría sabrías sabría sabríamos sabríais sabrían	sabiendo sabido

Berfenw		Presennol	Gorffennol	Amherffaith	Dyfodol	Amodol	Gerwnd/ Rhangymeriad gorffennol
salir – mynd allan	yo tú él/ella/usted nosotros vosotros ellos/ellas/ustedes	salgo sales sale salimos salís salen	salí saliste salió salimos salisteis salieron	salía salías salía salíamos salíais salían	saldré saldrás saldrá saldremos saldréis saldrán	saldría saldrías saldría saldríamos saldríais saldrían	saliendo salido
ser – bod	yo tú él/ella/usted nosotros vosotros ellos/ellas/ustedes	soy eres es somos sois son	fui fuiste fue fuimos fuisteis fueron	era eras era éramos erais eran	seré serás será seremos seréis serán	sería serías sería seríamos seríais serían	siendo sido
tener – cael	yo tú él/ella/usted nosotros vosotros ellos/ellas/ustedes	tengo tienes tiene tenemos tenéis tienen	tuve tuviste tuvo tuvimos tuvisteis tuvieron	tenía tenías tenía teníamos teníais tenían	tendré tendrá tendrás tendremos tendréis tendrán	tendría tendrías tendría tendríamos tendríais tendrían	teniendo tenido
venir – dod	yo tú él/ella/usted nosotros vosotros ellos/ellas/ustedes	vengo vienes viene venimos venís vienen	vine viniste vino vinimos vinisteis vinieron	venía venías venía veníamos veníais venían	vendré vendrás vendrá vendremos vendréis vendrán	vendría vendrías vendría vendríamos vendríais vendrían	viniendo venido
ver – gweld	yo tú él/ella/usted nosotros vosotros ellos/ellas/ustedes	veo ves ve vemos veis ven	vi viste vio vimos visteis vieron	veía veías veía veíamos veíais veían	veré verás verá veremos veréis verán	vería verías vería veríamos veríais verían	viendo visto

ATEBION

YR HUNAN A PHERTHNASOEDD
Tudalen 21
1. Mae fy modryb yn gweithio'n galed, yn hoff o chwaraeon ac yn ddeallus iawn.
2. Pan oeddwn i'n iau, roedd gen i lawer o ffrindiau.
3. Yn anffodus, dydy fy ffrind gorau ddim yn cyd-dynnu'n dda â'i rieni.
4. Pa rai yw rhinweddau personol mwyaf pwysig ffrind da?

TECHNOLEG A CHYFRYNGAU CYMDEITHASOL
Tudalen 25
1. Yn gaeth i'r cyfryngau cymdeithasol.
2. Hyd at dair awr y dydd.
3. 18%
4. b

IECHYD A FFITRWYDD
Tudalen 31
1. Campfa/hyfforddiant personol/cynlluniau ffitrwydd.
2. Dylunio cynllun ffitrwydd personol/monitro eich deiet/cynnig cynllun maeth (bwyta) (**unrhyw ddau**).
3. Hyfforddi gyda phartner/sesiwn hyfforddi i ddau berson.
4. Mae ar gyfer mis Chwefror/gallwch chi gael pum sesiwn am 65 ewro.
5. Ar eu gwefan/eu dilyn nhw ar y cyfryngau cymdeithasol (**unrhyw un**).

ADLONIANT A HAMDDEN
Tudalen 35
1. Raquel
2. Lara
3. Arturo
4. Arturo
5. Lara
6. Raquel

Tudalen 37
1. La semana pasada fui de compras y gasté mucho dinero.
2. El fin de semana que viene voy a ir al cine con mi familia.
3. ¿Qué te gusta hacer en tu tiempo libre?
4. No puedo salir mañana porque tengo demasiados deberes.

BWYD A DIOD
Tudalen 41
1. Ym mynedfa'r bwyty.
2. Llyfrau coginio.
3. Roedden nhw'n ddiflas/doedd ganddo ddim diddordeb ynddyn nhw.
4. Roedd ganddo luniau hardd.
5. Dyma'r tro cyntaf yn ei fywyd iddo ddarllen llyfr ryseitiau.

GWYLIAU A DATHLIADAU
Tudalen 45
Cafodd yr ŵyl gerdd ei chynnal y penwythnos diwethaf. Gwnaeth fy rhieni adael i mi fynd gyda fy ffrindiau am y tro cyntaf. Daeth llawer o dwristiaid i'r pentref ar gyfer y digwyddiad ac fe ges i amser gwych. Rwy'n caru gwersylla a gwrando ar gerddoriaeth fyw ac rydw i eisiau mynd yn ôl i'r un ŵyl y flwyddyn nesaf. Mae'n mynd i fod yn anhygoel!

ARDALOEDD LLEOL O DDIDDORDEB
Tudalen 51
1. c
2. dd
3. a
4. ch

Tudalen 53
Me gusta vivir en mi ciudad porque hay muchas cosas que hacer para los jóvenes. En el pasado no había un cine, pero ahora hay un centro comercial grande cerca del rio. En mi opinión, necesitamos/nos hacen falta más autobuses. En el futuro, me gustaría vivir en España porque me encanta la cultura española y hace sol.

TEITHIO A THRAFNIDIAETH
Tudalen 55
1. Gwylio'r teledu.
2. Roedd damwain car wedi bod/roedd dau gar wedi bod mewn gwrthdrawiad.
3. Gan eu bod nhw wedi'i brynu gyda'i gilydd y llynedd.
4. Agorodd hi'r drws (drws y car) a'i helpu i ddod allan.

NODWEDDION LLEOL A RHANBARTHOL SBAEN A GWLEDYDD SBAENEG EU HIAITH
Tudalen 61
Mae'r castell yn gyrchfan poblogaidd iawn i dwristiaid ac mae wedi'i leoli yng nghanol y ddinas i'r dde o'r parc. Mae ar agor bob dydd o ddeg o'r gloch ac mae mynediad am ddim ar ddydd Sul a gwyliau banc. Es i i weld y cofadail ddoe ac roedd yn addysgiadol iawn. I mi, mae'n bwysig iawn darganfod diwylliant a hanes ardal. Yfory, hoffwn i ymweld â'r amgueddfa.

GWYLIAU A THWRISTIAETH
Tudalen 65
Rita: c
Miguel: ch
Xavi: dd
Marina: a

Tudalen 67
Normalmente **voy** de vacaciones con mis padres y **nos quedamos** en un camping. Lo **paso** bastante bien, pero este verano **iré** a Francia con mis amigos. **Viajaremos** en barco y **nos quedaremos** en un albergue. El año pasado **fui** a Alemania con mi colegio. **Hicimos** muchas cosas divertidas y **visitamos** muchos sitios de interés. En general **prefiero** las vacaciones activas porque **soy** una persona deportista.

YR AMGYLCHEDD
Tudalen 71
helpu
diogelu/amddiffyn
parchu
cadw/achub
gwella
ailgylchu
llygru
glanhau
dinistrio
difrodi/niweidio

Tudalen 71
1. Iván
2. Antonio
3. Lena
4. Oli
5. Ismael
6. Zaca

MATERION CYMDEITHASOL
Tudalen 75
1. Hyrwyddo/amddiffyn hawliau plant.
2. Cyfraniadau/rhoddion (gan ddinasyddion a gan y sector preifat).
3. Maen nhw'n hanfodol o ran arbed bywydau a diogelu plant.
4. Anfon yr arian yn syth i helpu mewn argyfwng/trychineb dyngarol.
5. Ar lein neu drwy drosglwyddiad banc.

BYWYD YSGOL/COLEG
Tudalen 81
1. Os nad oedd y disgybl yn talu sylw.
2. Amser egwyl/pan fydd y gloch yn canu ar gyfer egwyl.
3. Mae'r rheolau'n wahanol/mae rheol bod unrhyw eitem mae'r athrawon yn ei chymryd gan ddisgyblion yn ystod amser dosbarth yn mynd i ystafell '15/60'.
4. Ar y llawr gwaelod/drws nesaf i'r ystafell athrawon.
5. Mae'n rhoi'r eitem i'r pennaeth ac, ar ddiwedd y dydd, mae'r pennaeth yn mynd â'r eitem i'r ystafell.

ASTUDIAETHAU YSGOL/COLEG
Tudalen 85
1. Bydd yn eich helpu i wella eich gyrfa/siarad â phobl o wledydd eraill/mwynhau eich gwyliau'n fwy (**unrhyw ddau**).
2. Maen nhw'n hapusach ac yn fwy cyfoethog.
3. Dysgu mwy o ieithoedd.
4. Mae'n helpu pobl i ddeall nad yw'r byd i gyd yr un peth/bod yna amrywiaeth ddiwylliannol/mae'n eu paratoi nhw ar gyfer y dyfodol.

CYFLOGAETH
Tudalen 91
1. b
2. c
3. a
4. c

SGILIAU A RHINWEDDAU PERSONOL
Tudalen 95
1. ch
2. e
3. ff
4. g
5. b
6. dd
7. a
8. f
9. c
10. d

ASTUDIAETH ÔL-16
Tudalen 99
1. Dydw i ddim yn bwriadu mynd i'r brifysgol, oherwydd mae'n rhy ddrud.
2. Rwy'n mynd i adael yr ysgol ar ôl fy arholiadau oherwydd byddai'n well gen i ennill llawer o arian.
3. Ces i gyfweliad prynhawn ddoe ac roeddwn i'n eithaf nerfus.
4. Rwy'n fodlon/yn barod i astudio'n galed ac rwy'n gobeithio cael graddau da iawn.
5. Mae busnes wedi bod o ddiddordeb i mi erioed a'm bwriad yw gweithio mewn cwmni mawr.

CYNLLUNIAU GYRFA
Tudalen 103
1. Arweinyddiaeth/gweledigaeth fyd-eang (**unrhyw un**).
2. Dwy flynedd.
3. Cefnogaeth bersonol/mentor personol/cysylltiadau â mwy na 2,700 o gwmnïau (**unrhyw ddau**).
4. Ansawdd yr athrawon/y defnydd o dechnoleg mewn dosbarthiadau/y ffocws rhyngwladol ar y campws/gwella eich lefel o Saesneg/y cyfle i fynd ar deithiau cyfnewid rhyngwladol (**unrhyw dri**).

Tudalen 105
Quiero viajar a muchos lugares después de la universidad. A corto plazo, me gustaría pasar un año sabático en el extranjero. Espero trabajar en una organización internacional y aprender sobre distintas culturas. Sería una experiencia inolvidable. Cuando era más joven/pequeño/a, siempre tenía ganas de/quería aprender un nuevo idioma/una nueva lengua.

GRAMADEG
Tudalen 112
1. I mi, y peth pwysicaf yw helpu pobl eraill.
2. Rwy'n meddwl mai'r broblem waethaf yw mewnfudo.
3. Yn fy marn i, mae tlodi yn fwy difrifol na gwrthdaro.
4. Mae mewnfudo yr un mor ddifrifol â therfysgaeth.
5. Rwy'n meddwl mai'r sefyllfa fwyaf dwys yw'r argyfwng economaidd.
6. Mae'n haws gwerthu cacennau na gofyn am gyfraniadau.

Tudalen 114
1. tranquilamente
2. rápidamente
3. activamente
4. frecuentemente
5. malsanamente

Tudalen 122
1. Rydw i wedi bod yn chwarae tennis ers chwe mis.
2. Rydw i wedi bod yn llysieuwr ers tair blynedd.
3. Mae Jorge wedi bod yn chwarae pêl-fasged ers pan oedd yn fach/ifanc.
4. Rydw i wedi bod yn byw yma ers i mi gael fy ngeni.

Tudalen 123
1. Mi hermano **vive** con su novia.
2. Mis amigos **hablan** demasiado.
3. Cada noche yo **chateo** en Internet.
4. Mi familia y yo siempre **cenamos** juntos.
5. Yo **creo** que la amistad es importante.
6. Los jóvenes **utilizan** la tecnología todo el tiempo.

Tudalen 126
1. Mi hermana **prefiere** salir con sus amigos.
2. Irma no **tiene** muchos deberes.
3. Mis tíos **quieren** separarse.
4. Nosotros **podemos** salir hasta muy tarde.
5. Mis padres **son** muy estrictos.

Tudalen 127
1. Cada persona **es** diferente.
2. Algunos padres **están** preocupados por sus hijos.
3. Mi hermana **es** alta y guapa.
4. Prefiero **estar** con mis amigos.
5. Es aburrido (Mae'n ddiflas – drwy'r amser). Estoy aburrida (Rydw i wedi diflasu – ar hyn o bryd).
6. Marina es bonita (Mae Marina yn bert – mae hi bob amser yn bert). Marina está bonita (Mae Marina yn edrych yn bert – ar hyn o bryd).

Tudalen 129
1. Voy a tener hijos.
2. Vamos a vivir en una casa grande.
3. Mis amigos van a escribir un blog.
4. Mi hermana va a salir con su novio.

Tudalen 130
1. Byddaf i'n byw mewn fflat gyda fy ffrindiau.
2. Yfory byddaf i'n prynu ffôn symudol newydd.
3. Bydd technoleg yn fwy pwysig yn y dyfodol.
4. Fydd fy rhieni ddim yn hapus iawn.

Tudalen 130
1. En el futuro **me gustaría** estudiar el español.
2. **Sacaría** buenas notas en mis exámenes.
3. Mi profesor ideal **sería** divertido.
4. Mi colegio ideal **tendría** instalaciones modernas.
5. **Estudiaría** en la universidad.
6. Mis amigos **irían** al club de baloncesto.

Tudalen 131
1. La semana pasada nosotros **visitamos** los monumentos.
2. Ayer **viajé** al colegio en coche.
3. Mis padres **compraron** un billete.
4. Ayer **salí** con mis amigos.
5. ¿Cómo **viajaste** de vacaciones el año pasado?

Tudalen 132
1. El fin de semana pasado **fui** al museo.
2. Ayer **hicimos** muchas cosas interesantes.
3. Ellos **vieron** muchos monumentos.
4. Mis padres **tuvieron** un viaje muy largo.
5. Muchos turistas **vinieron** a mi pueblo el verano pasado.

Tudalen 133
Cuando **era** más joven, **vivíamos** en una casa grande. Yo **estaba** contento porque la casa **tenía** un jardín enorme. Todos los días mis hermanos **jugaban** en el jardín.

Tudalen 135
1. Dydy fy ffrindiau ddim wedi gwneud eu gwaith cartref.
2. Rydw i wedi anghofio fy llyfr Sbaeneg.
3. Rydyn ni wedi gorffen ein harholiadau.
4. Dydw i erioed wedi ymweld â'r Unol Daleithiau.